ラグビーと生きる

ノビーと呼ばれた男のW杯招致回顧録

真下 昇 著

創文企画

はじめに

ラグビーの競技発祥から２００年の節目となった第10回ワールドカップ（W杯）フランス大会の決勝戦は南アフリカがラグビー王国ニュージーランドに12―11の大接戦で勝利し、２連覇を達成した。

２０２３年10月28日、冷たい雨が降る夜のパリ郊外サンドニのフランス競技場は、史上最多４度目の頂点に立った南アフリカの栄誉を称える８万人の熱狂的な歓声に包まれていた。

「攻撃は最大の防御」ならぬ「防御は最大の攻撃」という南アフリカ伝統の堅守で貫かれた試合運びは見事であった。シヤ・コリシ主将が優勝杯「ウェブ・エリス・カップ」を誇らしげに高々と掲げると、会場は熱狂の渦と化した。

私はスタンドでこの情景を見ているうちに、日本で初開催された19年第９回W杯から「もう４年か」と再認識させられた。そして「いずれ日本もさらに成長を遂げ、この決勝の舞台に立つ日がやってくるに違いない」という思いが胸に湧き上がった。

本書は長い歴史と伝統を持つラグビーの神髄を日本でもっと知ってもらうために「無謀」とも言われたW杯招致を打ち上げ、数多くの挫折や伝統国の厚い壁を乗り越えて日本開催を勝ち取った軌跡を記録として残しておきたい、という考えから１冊にまとめたものだ。

振り返れば、群馬県立高崎高校でラグビー部の門をたたき、31歳で選手引退後はトップレフェリーの道に進んで、今もファンに語り継がれる「雪の早明戦」（１９８７年12月・国立競技場）など54歳まで５００試合近くの笛を吹いてきた。

日本ラグビーの改革にも取り組み、日本協会専務理事時代は競技の活性化と強化を目指して55年続いた全国社会人大会を発展的に解消し、２００３年９月13日に国内の強豪12チームが総当たりで争う新リーグ「トップリーグ」を創設。初代チェアマンとして「日本ラグビーの発展と強化の起爆剤に」との希望を込めて開幕を宣言した。

閉鎖的ともいわれる国際ラグビー界に「虎穴に入らずんば虎子を得ず」の覚悟で挑んだＷ杯招致では「ラグビーのグローバル化」を訴え、紆余曲折を経てゴールにたどり着いた。投票権を持つ国際ラグビーボード（ＩＲＢ）の理事たちの懐に飛び込もうと世界中を駆け回った日々を思い起こす。昇の名前にちなんで「ノビー」の愛称で呼ばれ、フランス・セーヌ川に浮かぶ船の上で「カラオケ外交」さながら熱唱して「ミスター・カラオケ」と名付けられたことも今や懐かしい思い出である。

「ラグビーは少年をいちはやく大人にし、大人にいつまでも少年の心を抱かせるスポーツ」――。かつてフランス代表の主将を務めたジャン・ピエール・リーブが残した有名な言葉だが、15人が協力して仲間のために体を張って闘うラグビー精神は、長い招致活動でも自分の支えとなる信念だった。ぶれずに闘う。Ｗ杯招致の成功は日本協会会長だった森喜朗元首相の尽力をはじめ、多くの人の力が結束した日本チーム全体の勝利でもあった。

今後のＷ杯は27年のオーストラリア、31年の米国まで開催地が決まっており、35年には再び日本開催の可能性が高まっている。日本ラグビーにはまだ「伸びしろ」がたくさんある。富士山の登山に例えればまだ五合目の入り口だ。赤城山から吹き下ろす上州名物「からっ風」で少年時代から鍛えられ「負けてたまるか」と逆境に立ち向かってきたラグビー人生。本書が次世代に受け継がれ、未来のラグビー界への一助になることを願いたい。

真下　昇

2015 年イングランド、2019 年日本、W 杯開催同時決定を受けて、イングランドラグビー協会 CEO マーチン・トーマス氏（左）と（2009 年 7 月 28 日）
© 日本ラグビーフットボール協会

ラグビーと生きる　―ノビーと呼ばれた男のW杯招致回顧録―

【目次】

第3章　日本開催の夢実現と重い宿題…59

終章　もう一つのW杯…183

表紙写真
・ホイッスル、2019年W杯日本大会　©フォート・キシモト
・開催決定時　©日本ラグビーフットボール協会

プロローグ

２０１９年9月20日。

東京都調布市にある東京スタジアム（味の素スタジアム）には、海外からのサポーターも含めて約5万人の大観衆が詰めかけていた。

彼らが待っているのは、ラグビー・ワールドカップ（以下Ｗ杯）２０１９日本大会の開会式と、続いて行われる日本代表対ロシア代表の開幕戦だ。

観客席では、日本代表のレプリカジャージーを着込んだ多くのサポーターが期待に目を輝かせて「そのとき」を待っている。

約30年前、日本代表が世界でなかなか結果を残せずに苦しんでいた時代には、日本代表のレプリカジャージーを着たファンの姿などほとんど見られなかった。ところが今は、サポーターのほとんどが高価なジャージーを着ている。

日本代表が、国民の期待を担う存在となったことを証明するような光景だった。

思い返せば、私が「Ｗ杯を日本に招致できないか」とぼんやり考えていた21世紀初頭は、日本のラグビー界が重苦しい閉塞感に包まれていた。

代表は世界の舞台でなかなか活躍することができず、国内に目を向ければ少子化の影響で競技人口が減り、観客の年齢層も高止まりして、スタジアムを訪れるファンの中に占める、新しくラグビーに興味を持った若いファンの姿はほとんど見られなかった。

そんな空気を一変させ、再びラグビーを活性化するためには、誰もが驚き、そして興味と希望を持つような大きな「夢」が必要だった。

だから、16年前の03年1月、私はあえて無謀な「夢」を打ち上げた。

W杯の日本招致という無謀な夢を——。

目前に広がる光景は、16年間見続けた「夢」が実現した光景でもあった。

私が「W杯招致」を初めて口にした03年当時、世界のラグビー界では、ヨーロッパと南半球の伝統国が大きな力を持って君臨していた。

発言力を持つのはこうした伝統国のエリートたちであり、W杯も、イングランド、スコットランド、ウェールズ、アイルランド、フランスといったヨーロッパの伝統国と、ニュージーランド、オーストラリア、南アフリカの南半球の強豪国の間で独占的に開催されていた。

彼らから見れば、世界の東の外れにある非伝統国の日本がそこに割り込んで、「極東」の地にW杯を招致するなど、ほとんど成功の見込みのない挑戦だった。

だが、あえて私は「日本招致」を打ち上げ、国内の仲間とともに「夢」を実現すべく動き出した。さまざまな紆余曲折を経ながら国を挙げての招致活動が実を結び、09年には「2019年に日本での開催決定」というところまでこぎ着けた。

しかし、それでも開幕までは、山積した難問に翻弄される日々が続いた。「W杯を日本で開催する」という夢を実現するには、膨大なエネルギーが必要だったのである。


「いやあ、16年かかったな」

私の隣に座る、森喜朗元日本ラグビーフットボール協会会長がしみじみとつぶやいた。

その言葉には、元内閣総理大臣という肩書きをフルに活用しながら、ラグビー伝統国の保守的な壁を破ってW杯を日本で開催しようと奔走した16年間への思いがにじんでいた。

私の脳裏にも、日本ラグビーの未来のため、そしてラグビーファンに世界最高峰の戦いを見てもらうためにW杯日本招致を表明した03年1月以来、大会の実現にこぎ着けるまでのさまざまな思い出が一連の映像のように流れ、言葉にはできない感慨が次から次へと湧いてきた。

万感の思いが、胸に迫る。

感激を言葉にすることもできなかった。

ようやく絞り出した言葉は、「本当に開催して良かったですね……」の一言だった。

目を上げて周りを見渡せば、心配されたチケットも完売となり、びっしりと埋まった観客席には、日本代表のサポーターに混ざって、さまざまな国からこの大会を楽しみに来日した外国人ファンの色とりどり

2019年W杯日本大会開幕戦の日本サポーター（2019年9月20日）
© フォート・キシモト

のレプリカジャージーも揺れていた。

そして、国籍や民族の違いを超えて、みんながこれから始まるラグビー界最大の祭典を待ち望む高揚感であふれかえっていた。

会場は、これまで私が見てきた海外の伝統国で開催されたW杯と同じような、期待と興奮に満ちたラグビーW杯独特の雰囲気に包まれていた。

敵味方の区別なく試合を待ち望む観客たちの一体感。

そして、その期待に応えようとする選手たちの覚悟。

本物のW杯の雰囲気が、そのまま日本に現れたのだ。

W杯という「夢」を見ることで日本のラグビー界を活性化できれば、との思いで宣言したW杯招致がついに開幕へこぎ着けたのである。

W杯の日本開催に向けて奔走した日々を思い起こしながら、いつまでも満員のスタジアムを見つめ続けていた。

第1章　W杯初招致へ「夢」の萌芽

私が初めて「W杯を日本で開催する」という夢を語ったのは、その年の9月に開幕を控えたジャパンラグビートップリーグの立ち上げ準備に奔走していた2003年1月、朝日新聞社主催のフォーラムでのことだった。

トップリーグは、日本全国から選ばれた社会人チームが一つのリーグに集まり、強豪同士が切磋琢磨しながら日本ラグビーのレベルアップを目的にスタートする。そのためには、55年間続いた全国社会人ラグビー大会を発展的に解消し、新しいフォーマットで社会人の王者を決めることが必要だった。保守的なラグビー界としては、非常に大きな改革だった。

こうしたことを広く伝えるために、私はフォーラムに出席し、トップリーグを立ち上げた意図や意義を基調講演で語るつもりだった。ところが、講演に臨む直前に、トップリーグの話だけでは少々インパクトに欠けるうえに、話に深みも出ないのではないかと、ふと思った。そこで将来的な構想として、W杯を日本に招致することを話に盛り込んだのだ。

1999年にW杯を現地で初めて見たときに「この感動的な雰囲気を日本のファンにも味わってもらいたい。世界最高峰のラグビーを直接見てもらいたい」と強く思ったことをそのまま口にして、「W杯を招致する」と宣言したのである。

ラグビー新世紀
アジアリーグ見据えて
真下昇・日本ラグビー協会専務理事
社会人大会からトップリーグへ
競った試合少ない
すそ野広げて
もっと早ければ…
くじらい いくこさん
森 重隆さん
NZも人気低下

朝日新聞社主催フォーラムの新聞記事
（朝日新聞 2003 年 1 月 12 日付）

もちろん、当時の日本では、Ｗ杯を招致することなど「夢のまた夢」であって、誰もそんなことは考えていなかった。私自身も、本音ではできると思っていなかった。しかし、高い目標や夢を持って動くことがなければ、なにもロマンがないことになる。

夢物語を語ることでみんなに――そして自分自身にも――刺激を与えたかったのである。

同時に、そういう「夢」をターゲットに設けて、それに向かって動くことが日本ラグビーを前進させることにつながるのでは――という思いも、私にはあった。Ｗ杯は、代表の強化を伴いながら日本のラグビーを盛り上げるための、最高の目標だからだ。

以来、Ｗ杯を日本で開催することが、すなわち「夢を実現する」ことであり、私は夢の実現のために奔走することになった。日本のラグビー界が大きな目標を掲げて前に走り出すエネルギーを生み出すために、最適なのがＷ杯招致だった。それよりもＷ杯開催により日本のラグビー界が大きく変わっていくのではないかという期待の方が大きかったのである。

日本ラグビー改革のきっかけとなったＷ杯での屈辱的な大敗

日本ラグビーの大きな転換点となったのは１９９５年だった。当時のラグビーは、年末年始の風物詩とでもいうべき「歳時記」的なスポーツだった。

大学ラグビーは、早稲田大学、明治大学、慶應義塾大学や関西の同志社大学といった「伝統校」を中心に多くの観客を集め、王者を決める大学選手権は準決勝、決勝が毎年国立競技場を満員にして行われるほど人気があった。

全国社会人大会を頂点とする社会人ラグビーも、元号が昭和から平成へと変わる89年1月に初優勝を遂げた神戸製鋼が95年に社会人大会7連覇を達成。当時の「成人の日」であった1月15日に国立競技場で行われる日本選手権でも、大学王者の大東大を退け、7連覇を果たした。

そして、95年の5月には、第3回となるラグビーW杯が、それまで人種隔離政策（アパルトヘイト）によって国際交流が禁じられていた南アフリカ共和国で開催されることになっていた。

南アフリカは、白人政権時代に政治犯として27年間を牢獄で過ごした後に政治家として復権したネルソン・マンデラが、94年に黒人初の大統領に就任。黒人政権下で初めて開催する国際的な大規模スポーツイベントが、このW杯だった。

91年にアパルトヘイトを廃止した南アフリカは、伝統的にラグビー強国として知られていた。しかし、アパルトヘイト時代は国際交流が禁じられていたために、なかなかその強さが知られていなかった。世界のラグビー関係者は、そんな南アフリカが、W杯という舞台でどういう結果を残すのかに大きな関心を寄

常に満員の観客を集めた伝統の早明ラグビー（国立競技場 /1980年代）© フォート・キシモト

せていた。同時に、スプリングボクスの愛称で知られる南アフリカ代表チームが、白人政権下ではアパルトヘイトを推進した「白人支配の象徴」と見られていたために、黒人政権下で大会が無事に行われるかどうかを懸念する声もあった。いわば、世界中が注目していたのが、このW杯だった。

そうした中でマンデラ大統領は、スプリングボクスのキャプテン、フランソワ・ピナールと交流を深め、チームは人種統合の象徴として国民の熱いサポートを受けて勝ち進んだ。そして迎えた決勝戦では、史上初めて延長戦にもつれ込む死闘の末に、ニュージーランド代表オールブラックスを15対12と破って、大会初出場で栄冠を勝ち取った。この辺りのエピソードは、後にクリント・イーストウッド監督によって『インビクタス／負けざる者たち』というタイトルで映画化されたので、ご存知の方も多いだろう。

1995年W杯南アフリカ大会。優勝した南アのピナール主将に優勝杯を渡すマンデラ南ア大統領（左）（1995年5月25日）©フォート・キシモト

そんな大会に、日本はアジア地区予選を勝ち抜いて出場した。ところが――ここで日本代表が大差で3連敗を喫したことで、日本ラグビーはどん底に突き落とされた。

日本が属したプールCはニュージーランド代表オールブラックス、ウェールズ代表、アイルランド代表と同組となる厳しいプールだった。その中で、日本は初戦でウェールズに10対57と敗れると、アイルランドに28対50、そして最終戦ではオールブラックスに17対145と大敗した。

日本代表の3連敗以上に、日本のラグビーファンに大きなショックを与えたのが、若手主体のオールブラックスに145点を奪われたことだった。スコアの上でも、ラグビーの内容でも、日本はオールブラックスにまったく太刀打ちができず、その負け方が、それまで人気スポーツだったラグビーに、深刻な影響を与えたのである。私も、テレビでオールブラックス戦を見ていたが、「あってはならない試合だ」と苦い思いを抱いた。大量失点を恥ずかしく思う気持ちよりも、日本はこんなに弱かったのか——という悔しさが強く心に残った。「これは抜本的に日本代表の強化を考え直さないといけない」という思いが湧いたのだ。

第3回W杯南アフリカ大会。グループリーグでニュージーランドに17対145と大敗（1995年）
© 共同通信社

あれから30年近い月日が経って、現在は、日本の選手たちのフィジカルやモチベーションも大きく成長して、たくましい姿になったことを嬉しく思っている。しかし、95年当時に悔しさの中で痛感したのは、フィジカルとモチベーションの両方を強化しなければ、W杯で同じ土俵に立つことは難しい——という厳しい現実だった。

そして、今振り返れば、この大敗が日本ラグビーの改革を推し進めるきっかけとなったのである。

初めてのW杯観戦

私自身が、W杯の現場を実際にこの目で見たのは、その4年後、1999年の第4回大会が初めてだった。このときは、ウェールズ・ラグビー協会が主催し、イングランド・ラグビー協会、スコットランド・ラグビー協会、アイルランド・ラグビー協会（政治的には英国に属する北アイルランドとアイルランド共和国で一つのラグビー協会を形成）、フランス・ラグビー協会が試合会場を提供するなど共同開催としてサポートした。つまり、英国とアイルランド、フランスにまたがる大会だった。

現場を見た感想は、「すごい大会だ！」の一言に尽きた。なによりも、主開催地（ホスト）であるウェールズの人たちは、世界からやってきたラグビー好きを本当に温かく迎えてくれた。イングランドを筆頭に、スコットランドやアイルランドでは、階級社会の名残なのか、ラグビーに携わる人たちが少しお高くとまっているような印象があったのとは対照的だった。

ウェールズには、純朴で、ラグビーに関わっているだけで誰とでも友情を結べるような雰囲気があって、心からラグビーが好きな人たちだと実感したのである。

大会の雰囲気も、それまで私が過去3回のW杯をテレビで見て想像したものとはまったく違っていた。ウェールズの中心都市カーディフにあるミレニアムスタジアム（プリンシパリティ・スタジアム）や、ロンドン西郊にあるトゥイッケナムといった、「ラグビーの聖地」と呼ばれる巨大スタジアムに7万人から

8万人の観客が入って、一斉に彼らが、それぞれの国や地域の伝統的な応援歌を合唱する雰囲気は、とても日本では味わえないものだった。しかも、そこで行われるラグビーは、世界最高峰のテストマッチだ。

「この感動的な雰囲気を日本のファンにも味わってもらえたら、そして、世界最高峰のラグビーを直接見てもらえたら、どんなに素晴らしいことか！　そうすれば、日本のファンの目も、ますます肥えてラグビーの発展に貢献してくれるだろう」

そんな思いが私の頭の中に刻まれた。その時点では、まだ日本でW杯を開催することなど「夢のまた夢」だったが、現実的な問題は別にしても、私の中にW杯日本開催という夢の種がまかれたのがこの大会だったのである。

もう一つ驚いたのが、ウェールズとは縁もゆかりもないようなチーム同士の試合でも、会場に多くの観客が詰めかけたことだった。日本代表対サモア代表戦が行われた、ウェールズのレクサムという小さな街の「レースコース・グラウンド」（収容人員1万5千500人）という試合会場も、ほとんど満員だった。英国特有の、たたき付けるような雨と、それが突然やんで美しい陽光が射す天気の下で、日本のラグビーを間近で見るのがおそらくは初めてであろう地元の人たちが、じっ

1999年W杯ウェールズ大会。フランス対ニュージーランド戦。（1999年10月31日）©フォート・キシモト

と試合の展開に目を注いでいる。ラグビーを深く理解し、愛するウェールズの人たちの人柄がよく現れた光景であり、同時にW杯という大会の魅力を物語る光景でもあった。

それから10数年の月日が経って、W杯の日本開催が目前に迫り、大会のチケットの売れ行きを心配していた時期には、この光景が私の心を支えてくれた。日本開催だから日本代表が出る試合については観客が入ることを見込めたし、伝統国同士の試合もそれなりに観客が入るだろうとは予想できたが、日本と縁もゆかりもない国同士の試合に果たして観客が入るのか、私はかなり不安を抱いていたのだ。

そのときに思い出したのが、この99年に見たレクサムでの光景だった。そして、こう考えた。

「W杯という世界大会は、日本人としての目線からだけで考えるべきものではないのではないか。W杯は世界のラグビーのお祭りなのだから、さまざまな人間が参加してくれるのではないか」

だから、チケットの売れ行きを気にしながらも、それほど悲観的に考えなくても良いかと、前向きに考えることができた。後述するが、果たしてチケットの売れ行きは予想を上回って好調で、大会は成功裏に幕を閉じたのだった。

話を元に戻そう。99年W杯の日本代表には、後に19年W杯、23年W杯と2大会続けて日本代表ヘッドコーチとして指揮を執ったジェイミー・ジョセフ（ナンバー8）と、グレアム・バショップ（スクラムハーフ）の、2人の元オールブラックスがメンバーに入っていた。2人とも、95年W杯南アフリカ大会で「死闘」と呼ばれた、南アフリカとの決勝戦を戦ったメンバーであり、95年のW杯終了後に来日し、サニックス（後の宗像サニックスブルース=現在廃部）で、コーチ兼任としてプレーしていた。その結果、国際ラグビーボード（ＩＲＢ）が定めた「その地に3年以上居住」という代表選手規定をクリアしての日本代表入りだった。

この間にジョセフは、居酒屋で日本語を覚えたと自ら語るほど日本に馴染み、それが19年Ｗ杯日本大会に向かう日本代表ヘッドコーチ就任へとつながるのだが、このときは前回決勝戦を戦ったオールブラックスの大物選手が2人、日本代表に入ってまたＷ杯に出場するということで、世界的な議論を巻き起こした。

当時の代表選手資格は、「その国または地域で出生したか」「3親等以内の親族がその国または地域の出身か」「その国または地域に継続的に3年以上居住しているか」のいずれかをクリアした選手に与えられていたから、2人の日本代表入りは合法だった。

しかし、99年Ｗ杯終了後には、「一度、一つの国や地域の代表またはそれに準じるチームに選ばれた選手は、違う国で代表になることができない」という代表選手規定が新たに付け加えられた。この規定は、23年Ｗ杯を前にいくつかの条件付きで緩和されたが、新たな規定を定めなければならないほどのインパクトがあったのが、99年Ｗ杯での元オールブラックスの日本代表入りだったのである。

このときの日本代表には、ジョセフとバショップ以外にも海外出身の選手が選ばれていて、キャプテンを務めたのも、当時の東芝府中でプレーしていたニュージーランド人のアンドリュー・マコーミックだった。こうしたチームを編成し、監督として率いたのが、神戸製鋼での現役生活を96年度で引退した直後から代表監督に抜擢された平尾誠二さん（故人・16年没）だった。平尾さん自身は、87年の第1回大会から95年まで3大会連続でＷ杯日本代表に選ばれており、第2回大会ではキャプテンを務めていた。さらに、現在、日本ラグビー協会の会長を務める土田雅人さんも、コーチとして平尾さんを支えた。だから、私も、平尾さんがこうした外国人選手たちを上手く使って、前回大会でオールブラックスに１４５点を奪われた屈辱を晴らしてくれるのではないかと期待したのだが、初戦でサモアに９対43と敗れると、ウェールズには15対64、アルゼンチンに12対33と３連敗して大会を終えた。

結果的に、日本が属したプールＤは、ウェールズ、サモア、アルゼンチンが２勝１敗の三すくみとなり、得失点差でウェールズが１位、サモアが２位、アルゼンチンが３位となった。

そして、日本を破ったアルゼンチンが、この大会に限って行われた準々決勝進出のためのプレーオフでアイルランド代表を28対24と破り、ベスト８に勝ち上がった。

それに比べると、日本代表は実力的に大きく後れを取っていた。世界にインパクトを与えた、元オールブラックス二人の代表入りという強化策をもってしても、３連敗なのである。

海外出身の選手を代表メンバーに６人選んでも、日本代表が明らかに力負けした現実を見て、私は落胆すると同時に、これからのミッションが「日本代表強化」であることを痛感した。

第１回〜第３回Ｗ杯に出場した平尾誠二（中央）（写真は第１回大会 /1987 年５月 24 日）© フォート・キシモト

W杯の歴史と日本の初勝利

ここでラグビーW杯の歴史を簡単に振り返ってみよう。ラグビーW杯は、サッカーW杯が第1回大会を開催した1930年より57年遅れて、1987年に第1回大会が、ニュージーランドとオーストラリアの2カ国にまたがって開催された。

実は当時、国内外のトップレフェリーで脂が乗っていた私にとっては、苦い思い出がある。出場16カ国のトップレフェリー代表として香港に集められ、この夢に見た第1回W杯本番に備えて意気揚々と事前研修を受けたものの、なぜか大会に呼ばれなかったのだ。日本以外にイタリアやカナダのレフェリーも招集されず、悔しさを味わった国からは「何のための研修だったのか」と抗議も出たが、受け入れられなかった。ラグビーの「グローバル化」がまだ進んでいない時代。国際ラグビー界で「宗主国」と呼ばれ、強い結束を誇っていた伝統国の壁に大会レフェリーも阻まれた形だった。

現在では、ラグビーW杯は、サッカーW杯、夏季オリンピックとともに全世界のテレビ視聴者数で世界3大スポーツイベントと呼ばれるまでに発展を遂げているが、開催にこぎ着けるまでには、世界のラグビーを統括する国際ラグビーフットボールボード（1886年創設＝当時はIRFBと呼称。1997年にIRBへ、2014年に現在のワールドラグビーへと呼称を変更）の中でも、賛否が分かれていて、長い間の懸案事項となっていた。開催に消極的だったのは、19世紀にIRFBが創設されたときのメンバー、イングランド、スコットランド、ウェールズ、アイルランドの4つのラグビー協会で、これら4協会は「ホームユニオン」と呼ばれている。一方、開催に積極的だったのは、第2次世界大戦後に加わったニュージーランド、オーストラリア、南アフリカの南半球の3つのラグビー協会と、ヨーロッパでホームユニオンと一線を画するフランスだった。賛否が分かれた背景には、それぞれの国同士の対抗意識や商業化に対する態度の違いなどさまざまな問題があったが、ラグビーという競技のアイデンティティーに関わる問題も、W杯開催を巡る議論に影響を及ぼした。

ラグビーは、ルールを成文化した19世紀から長い間、テストマッチを対戦国以外の中立地で行うことを禁じていた。W杯を実施すれば、そこで行われる試合はテストマッチとなるから、当然この規定に抵触する。つまり、もともと、いわゆる「カップ戦」を行うことを拒絶する理由があったのである。これは、1871年秋に、もう一つのフットボールであるサッカー（Football Association＝イングランドサッカー協会）が、それまで誰も思いつかなかった大会フォーマットを打ち出して大いに人気を博したことに起因している。現存する最古のカップ戦、「FAカップ」の創設である（決勝戦は翌72年）。

FAカップは、統一ルールのもとで、多数のチームがノックアウト方式で誰が一番強いかを競うことで、それまでホーム&アウェー方式が基本だったフットボールの歴史を変えた。評判が海を越えてヨーロッパ大陸まで広がり、サッカーが一躍人気スポーツとなる原因ともなった。

同じ71年にルールを成文化し、イングランドとスコットランドが史上初めてのテストマッチを行って、これから普及に乗り出そうとした矢先にFAカップをぶつけられたラグビー側は、対抗策としてテストマッチをカップ戦方式で行うことを禁じ、従来通りのホーム&アウェー方式の対抗戦にこだわった。

現在行われているヨーロッパのシックスネーションズや、南半球のザ・ラグビー・チャンピオンシップといった大会がホーム&アウェーをベースにしたフォーマットで行われているのも、そんな伝統を受け継いでいるからだ。だから、サッカーが「ワールドカップ」という名称で1930年に世界規模のカップ戦を開催したのとは対照的に、ラグビーは、カップ戦のフォーマットで行うW杯に消極的だったのである。

しかし、1984年のロサンゼルス夏季五輪で、大会組織委員長だったピーター・ユベロスが卓越した手腕で巨額の黒字を生み出し、スポーツビジネスの先鞭をつけると、いまだに世界大会を持たないラグビーが大いに注目されるようになり、実力的にホームユニオン勢を上回る南半球勢とフランスが開催を強く主張して、87年のW杯開催にこぎ着けたわけだった。厳格なアマチュアリズムを守ってきたラグビー界が「商業スポーツ化」へ踏み出すターニングポイントになった時期であり、当時レフェリーとして笛を吹くのに忙しかった私も「世界のラグビー界のあけぼの」を感じたものだ。

当時のIRFBは、W杯が成功するかどうかに半信半疑で、財政的なリスクをヘッジするために、日本のKDD（現KDDI）を冠スポンサーとして認めるなどの手を打った。

参加チームは、大会組織委員会からの招待という形で、開催国のニュージーランド、オーストラリアに加えて、イングランド、スコットランド、ウェールズ、アイルランド、フランス、イタリア、ルーマニア、カナダ、アメリカ、アルゼンチン、トンガ、フィジー、ジンバブエ、日本の16カ国/地域の代表に決まり、本大会に出場するための予選は行われなかった。

ＩＲＦＢ常任理事国の南アフリカは、当時、人種隔離政策（アパルトヘイト）を行っていた関係で国際的なスポーツ交流を禁じられていたために招かれず、また、南太平洋でトンガ、フィジーと同等の実力を持つ西サモア（97年にサモア独立国と改称＝以下、すべてサモアで表記）も招待されなかった。

大会は、現在と同様に参加16チームを４つのプールに分け、各プール上位２チームが準々決勝に進出。そこからノックアウト方式で３位決定戦、決勝戦へと進むフォーマットで行われた。

日本はオーストラリア、イングランド、アメリカと同じ組に入ったが、初戦でアメリカに18対21と敗れると、イングランドに７対60、オーストラリアに23対42と連敗して大会を終えた。

優勝したのは、フランスとの決勝戦を29対９と制したニュージーランドで、共同開催国のオーストラリアは、準決勝でフランスに24対30と敗れた。この大会でトライ王に輝いたのはニュージーランドの国民的英雄で後に日本代表を指揮したジョン・カーワンだった。

大会は、開催前の危惧を払拭するように成功裏に終わり、ラグビーという競技のコンテンツとしての魅力が世界に発信された。なかでも、優勝したオールブラックスのマーケティング的な価値が高まり、それがW杯そのものの価値を押し上げた。

2007 年、2011 年のW杯で日本代表の HC を務めたジョン・カーワン

この結果を受けて、4年後の1991年には、イングランド、スコットランド、ウェールズ、アイルランド、フランスのファイブネーションズ共同開催の形で、第2回W杯が行われた。

すでに第1回大会で財政的な手応えもつかんでいたIRFBは、この大会から冠スポンサーを廃止し、自らラグビー・ワールドカップ・リミテッド（RWCL）を設立して、大会を主催・運営した。メインスポンサーには食品会社のハインツをはじめ、グローバルな企業が名を連ね、現在に至るRWCLの運営体制ができあがった。第2回W杯では、ホストのイングランドが決勝戦まで勝ち上がり、準決勝でオールブラックスの連覇を阻んだオーストラリアと、エリザベス女王（2022年9月没）臨席のもと優勝をかけて戦ったが、堅守のオーストラリアにノートライに押さえ込まれ、6対12で敗れた。

この大会から世界各地で地域予選が行われ、日本も、トンガ、サモア、韓国とともに秩父宮ラグビー場でアジア・太平洋地区予選を戦い、トンガ、韓国を破って出場を決めた。この予選を全勝で通過したのが、第1回大会に招待されなかったサモアで、サモアは、本大会でもその鬱憤を晴らすように活躍し、プールステージでウェールズ、アルゼンチンを破って準々決勝に進出した。

日本も、プールステージでスコットランド、アイルランドには

1991年W杯イングランド大会。ジンバブエ戦でW杯初勝利をあげた日本（1991年10月14日）© 共同通信社

敗れたが、最終戦でジンバブエ代表を52対8と破って、W杯での初勝利を挙げた。この試合では私が笛を吹いた「雪の早明戦」でも活躍した堀越正巳（神戸製鋼）、吉田義人（伊勢丹）らがスピーディーな展開ラグビーで躍動して9トライ。その後、15年W杯イングランド大会で南アフリカを破る「ブライトンの奇跡」まで24年間勝利がなかったことを思えば、1勝する厳しさと重みを感じる。商業的にも前回を大きく上回る成功を収めた大会となった。五輪などと同様にテレビ放送権収入を柱とし、大会の純益は第1回W杯の110万ポンドから第2回W杯は約18倍の2000万ポンドを超える大幅黒字を出したと報じられた。日本のラグビーに世界とのレベルの差を突きつけた95年の第3回W杯が南アフリカで行われたのは、その4年後だった。

改革へ動く

95年の第3回W杯に続いて日本代表が惨敗した99年W杯は、当時専務理事だった白井善三郎さんも現地で観戦されていた。日本の3連敗にショックを受けていた私は、白井さんにこんなアイディアをぶつけてみた。

「白井さん、これからは日本協会が外国人選手を雇うくらいの、思い切った策を打たないと世界で戦うのは難しいですよ。日本協会が契約した選手を中心に日本代表を編成してテストマッチを戦い、日本代表の活動期間以

白井善三郎氏（中央）左は日比野弘氏

外は、社会人チームに有償でリリースする——それで日本ラグビー全体の底上げを図るというアイディアはいかがですか？」

今から思えば、かなり暴論に聞こえるかもしれないが、それくらいの危機感を私は抱いていた。話を聞いた白井さんもいろいろ考えるところがあったようで、さまざまな改革のアイディアを練り始めた。現役を退いたばかりの平尾さんを代表監督に抜擢し、元オールブラックスの二人をメンバーに入れてまで臨んだW杯での3連敗は、誰の胸にも大きなショックを残したが、とりわけ白井さんには無念な思いがあったのだろう。

翌2000年に白井さんが専務理事を退任される際、私たちにこんな話をされた。

「オレにはやり残した宿題が4つある。協会の組織の在り方、代表強化、マーケティング、そして国内スケジュールの改革だ」

そして、協会の在り方については、新しく会長になった町井徹郎さん（故人・04年没）が、代表強化については、後に日本代表強化委員長として03年W杯オーストラリア大会に臨んだ宿澤広朗さん（故人・06年没）が、マーケティングはIRB理事を務めた堀越慈さんが、そして、国内スケジュールと各種大会の見直しを私に担当するように割り振った。

これら4つを連動させたことが大きな改革へと結びつき、後のジャパンラグビートップリーグ構想へと発展していった。その後、トップリーグが充実するにつれて代表強化も少しずつ実を結び、秋のシーズンから高い意識を持って本当に強くなりたいと思って、厳しい戦いを経験した選手たちが、日本代表として世界で戦うといった現在の形へと結実するのである。

国内スケジュールの改革が、トップリーグの構想へと発展していった背景には、次のような事情があった。当時の社会人ラグビーのフォーマットは、関東ラグビーフットボール協会（以下、関東協会）、関西ラグビーフットボール協会（以下、関西協会）、九州ラグビーフットボール協会（以下、九州協会）の三地域協会がそれぞれ主催する東日本社会人リーグ、関西社会人リーグ、西日本社会人対抗戦リーグの上位チームが、負ければ終わりのノックアウト方式で行われる全国社会人大会に出場して優勝を争うというものだった。このフォーマットは、02年まで55年の長きにわたって続いたが、社会人大会の組み合わせによっては、東西の強豪チームが一度も公式戦で真剣勝負を戦う機会がないままシーズンを終えるといった弊害が指摘されていた。そんな弊害をなくし、選手たちが秋のシーズンから真剣勝負を戦えるようにするための方策が、社会人の強豪チームを一つのリーグに集めて切磋琢磨するトップリーグの構想だった。

もちろん、社会人大会で「日本一」を決めていた時代にも、91年1月の第43回全国社会人大会決勝の神戸製鋼対三洋電機戦のように、秩父宮ラグビー場に満員の観客を集め、翌日のスポーツ紙全紙の一面を飾るような名勝負や、高いレベルの試合が行われていた。一方で、私自身にも常に頭から離れない疑問があった。

当時の国内では、大学ラグビーの人気が高く、ビッグイベントとして注目されていたが、学生時代に活躍し、脚光を浴びた有望選手が、社会人に進んだ後に伸び悩むケースを、レフェリーとして間近に見て知っていた。なぜこうしたケースが後を絶たないのか。大学ラグビーで活躍した選手が、社会人でもラグビーを続けてプレーヤーとして確実に成長できるような方法はないのか。選手としての成長が止まってしまうケースを見るたびに、私は残念な気持ちになると同時に、そんな疑問を抱くようになった。

そして、大学生を受け入れる社会人ラグビーに、秋のシーズンから一つひとつのゲームに真剣勝負を挑んでいく習性をつけなければ、ラグビーの実力で世界に後れを取り、人気の面でも盛り上がりを維持できないのではないか、という危機感が年々高まっていったのである。

繰り返しになるが、トップリーグをスタートさせるにあたって考えたのは、日本全国の強豪チームが毎週のように社会人大会準々決勝レベルの好カードを戦い、選手たちが切磋琢磨を繰り返せば、日本代表まで含めた競技力の向上に、さらにはラグビー人気の復活にも寄与することができるのではないか——という理想像だった。

そこで、まず準備委員会を作った。当時の日本協会会長である町井さんや、副会長の日比野弘さん（故人・21年11月没）が加わったが、中心となってトップリーグの理念を明確化していったのは、サントリーで監督も経験した稲垣純一さんだった。企業がなぜスポーツに力を入れるのか。その目的は何か。こうした問題について、稲垣さんは積極的に意見を述べて議論をリードし、そこで生まれたトップリーグの構想を携えて、私たちは各チームを持つ企業を回ることになった。私も、トップリーグをスタートさせるためには、各企業との連携が必要不可欠であり、本当に強くなりたいと思っているチームが激しく戦うリーグにしなければならない、という思いを抱いて、ラグビー部を持つ企業へと足を運んだ。そして、各企業のチーム担当者にこう説いて回った。

「決してプロフェッショナルなリーグを作るわけではないが、強い代表選手を育成するために協力して欲しい。財政的にはこれまでのフォーマットよりも負担が増えるかもしれないし、このリーグが企業の広告宣伝になるとまでは言えないが、これまでの福利厚生の延長線上で、ラグビー部の強化をお願いできないだろうか」

準備段階ではまだＣＳＲ（Corporate Social Responsiblity＝企業が組織活動を行うにあたって担う社会的な責任）という概念が一般的ではなかったが、トップリーグがスタートした03年は、後に「日本のＣＳＲ元年」と言われる年になり、各企業も、トップリーグのチームを持つことをその一環と位置づけるようになっていった。チームもプレーヤーも、それに呼応するように社会的な活動に目を向け始め、それがトップリーグのステイタスを上げるとともに、やがてはリーグの充実に結びついていくことになる。

初代トップリーグのチェアマンに就任

そうして、03年W杯オーストラリア大会開幕直前の９月13日に、国立競技場でサントリー対神戸製鋼のトップリーグ開幕戦を迎えたのである。私はこのとき、グラウンドに立って初代チェアマンとして観客のみなさんにご挨拶をした。そこで強調したのは、トップリー

トップリーグ開幕戦の前にチェアマンとして挨拶（国立競技場/2003年9月13日）©日本ラグビーフットボール協会

グが日本代表を強化し、日本のラグビーが世界を舞台に活躍することを目的に創設された、ということだった。

　国立競技場のスタンドは満員とはいかなかったが、それは織り込み済みのこと。私が願っていたのは、とにかくトップリーグが動き出して、最初のシーズンが無事に終わってくれることだった。そうして課題が出れば次のシーズンに修正し、それがやがて日本代表の活躍につながれば、という思いだった。

　サッカーJリーグがスタートしてから10年の月日が経ってのスタートで、鳴り物入りでスタートしたJリーグによく比較されたが、私としては、そうしたことは気にならなかった。むしろ、日本のラグビーをなんとかしなければ、という思いの方が強かったのである。その当時、Jリーグ初代チェアマンとなった川淵三郎さんとは、私と白井さん、Jリーグ理事の佐々木一樹さんと4人でランチをともにしながら情報交換や意見交換をしていて、その手腕にはかねがね敬服していた。特に、Jリーグ発足当初、関係者から招待券はないのかとの問い合わせを受けた川淵さんが、「選手がこれだけ真剣にプレーしているのに、タダで見に来るとは何事だ！」と一喝したというエピソードは、トップリーグを運営する私に、そうした高い意識と自覚を持たなければならない、と肝に銘じるきっかけとなっていた。

　選手たちは、所属企業とプロフェッショナル契約を結んだ選手もいれば、従来のような社員の選手も混

Jリーグ開幕宣言を行う川淵三郎チェアマン（国立競技場/1993年5月15日）©フォート・キシモト

在している状態だったが、それでも将来の日本ラグビーを背負うトップリーグに所属している以上、「オレたちもしっかりとプレーしなければいけない」というプロフェッショナルな意識を持つことが求められる。そして、それが、従来のフォーマットで行われた社会人ラグビーとの明確な違いを生むのではないかと、私は考えていたのである。

ただ、悩ましい問題もあった。サッカーは、Ｊリーグのスタートと同時にチーム名から企業名を外して地域密着型のチームの在り方に舵を切ったが、肉体的なコンタクトが激しいラグビーでは、サッカーのように毎週２試合を行うわけにはいかず、試合数が限られるために、興行的にプロスポーツとして成立させることが難しいという問題である。ラグビーは長くアマチュアリズムという枠の中で社会人ラグビーを中心に発展してきたために、トップリーグ以前はチーム名と企業名がイコールだった。企業が、福利厚生の一環としてラグビー部を保持・運営し、選手を社員として雇用してきた歴史的な背景を考えると、トップリーグにおいていきなり企業名を外し、海外のビッグクラブのような地域密着型に移行することは考えられなかった。選手たちの生活を考えると、それが当然の結論だった。

私には、世界を目指す選手たちが、完全なプロフェッショナルとしてプレーするよりも、これまでの企業スポーツの枠組みの中で生活の基盤を築き、長く選手生活を続けて欲しいという思いがあった。もちろん、プロフェッショナル選手として企業に雇用される身分から独立した選手もいるが、怪我のリスクがつきまとうラグビーでは、負傷から回復するまでの間も企業の中で身分が保証される方が現実的だ。

大学時代から注目された選手たちが社会人になってから伸び悩み、短い競技生活で姿を消すのではなく、企業からサポートを受けながら長く活躍を続けてこそ後進も育つ。そのためにも、トップリーグを一気にプロフェッショナルなリーグとしてスタートさせるのではなく、企業の協力を仰ぎながら、持続可能なシステムにすることが、現実的な解決策だと思えたのだ。

日本がW杯の舞台で活躍し、「ONE TEAM（ワンチーム）」という言葉が19年の流行語大賞を受賞するようになった現在でも、日本のラグビー界と支援している企業との関係は選手の生活を保障する上でも非常に大切である。トップリーグは現在、22年1月からジャパンラグビーリーグワンへとフォーマットが変わり、新しいリーグとしてスタートしたが、チーム名に地域名を必ず入れるように定めたリーグワンでも、企業の名前が入っているのはそのことと決して無関係ではない。

03年9月にトップリーグが開幕してから1ヶ月。10月10日に、オーストラリアで5回目となるW杯が開幕した。私は、この大会に臨む日本代表の団長として現地に赴いたが、実はもう一つの使命を胸に秘めていた。この年の1月に宣言した「W杯日本招致」を、IRBのシド・ミラー会長をはじめ、主要な理事たちに伝えること――それが私の使命だった。

日本ラグビーを活性化させるために打ち上げた「夢」が、いよいよ実現に向けて動き出すのである。

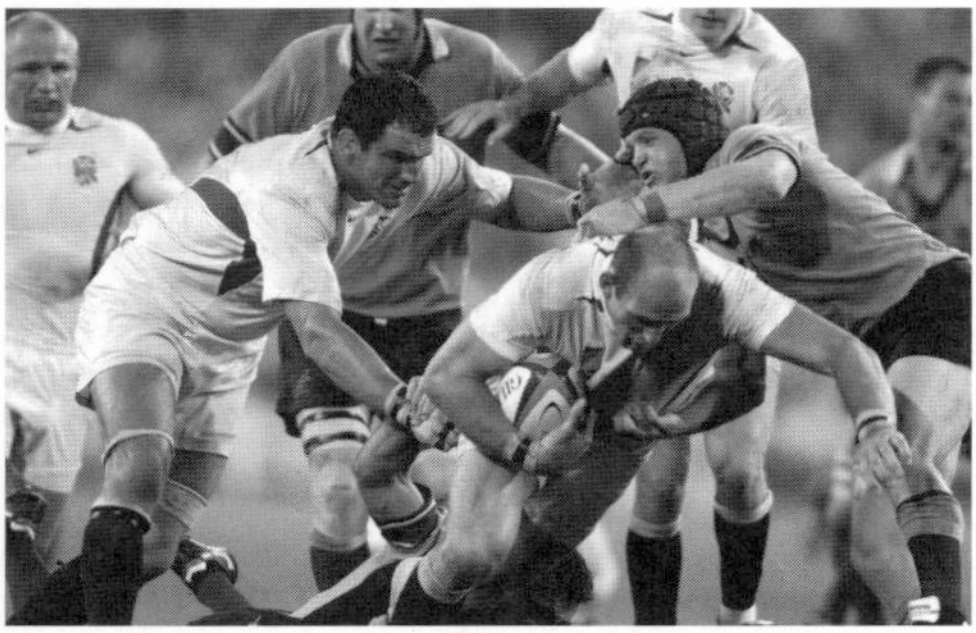

2003年W杯オーストラリア大会決勝、イングランド対オーストラリア（2003年11月22日）©フォート・キシモト

第2章　最初の挫折と夢への再挑戦

W杯決勝戦の前日に日本招致をIRBに伝達

2003年1月に、朝日新聞社主催のフォーラムで、私は「日本にW杯を招致します！」と宣言した。前章で述べたように、この突然の宣言に、私は「夢」を語ることでみんなに刺激を与えたいという思いを込めた。それまで「W杯開催など夢のまた夢」といった空気が強かった日本ラグビーフットボール協会の中に、とにかくW杯を日本に持ってこようという招致のムードを作ることが先決だったのだ。

ただ、日本ラグビー協会の中での反応は鈍かった。いや、鈍かったというより、どう反応していいのかわからないまま、みんなが黙り込んで反応できないような状態だった。「W杯って、なんだそれ？」みたいな空気だったのである。それでも、時間をかけて話すうちに、基本的にはみんなラグビーが好きな人間が集まっている組織だから、少しずつ理解が得られた。確かにささいなトラブルやいさかいがなかったわけではないが、W杯という大きな目標に向かってみんなが心を一つにする過程で、そうしたトラブルの種は乗り越えることができた。一方、当時の私自身も伝統国の壁がどれほど厚く、初めてのW杯招致で覚悟していたとはいえ、次第に直面していく挫折の厳しさがどれほどのものか想像できなかった。

この時点では、まだ国際ラグビーボード（IRB）にW杯招致の意志を正式には伝えていなかったが、日本が招致に動くという情報は伝わっていて、7月にはIRBのマイク・ミラー事務局長（CEO）が来日した。

このときＩＲＢが気にしていたのは、果たして日本にＷ杯を開催・運営できる能力があるのかという問題だった。しかし、日本には、前年の02年に韓国と共同開催でサッカーＷ杯を成功裏に運営した実績があった。試合を行うスタジアムについても、サッカーＷ杯決勝戦を行った横浜国際総合競技場（日産スタジアム）をはじめ、国際基準を満たすスタジアムが整っている。

こうした実績が、ＩＲＢに対して大きな説得力を持った。懸念は、問題なく払拭できそうだった。

日本ラグビー協会は８月に「11年Ｗ杯招致のための準備検討委員会」（委員長・堀越慈日本協会理事）の第１回会合を開き、９月には「Ｗ杯招致準備委員会」を設置した。

この年は、９月13日にジャパンラグビートップリーグの開幕を控え、それから１ヶ月もしない10月10日には、オーストラリアで第５回Ｗ杯が開催されるなど、スケジュールが立て込んでいたが、Ｗ杯にはＩＲＢの主要なメンバーも訪れる。日本が招致に立候補することを伝えるには絶好の機会だった。

2002 年 FIFA W杯韓国日本大会ワールドカップ決勝（横浜国際総合競技場 /2002 年 6 月 30 日）© フォート・キシモト

このときのＷ杯は、当初は、ニュージーランドとオーストラリアの共同開催で行われる予定だったが、ＩＲＢからＷ杯の運営を委託されているラグビー・ワールドカップ・リミテッド（ＲＷＣＬ）と、ニュージー

招致活動、左から佐野広政氏、真下、ジョン・イールズオーストラリア代表主将、森喜朗氏（2003年）

ランド・ラグビー協会の間で、スタジアムにある地元企業の広告看板の撤去を巡って意見が対立し、ニュージーランドが共同開催から下りて、オーストラリアの単独開催となった経緯があった。

この大会からTMO（テレビジョン・マッチ・オフィシャル）が導入され、試合時間も、それまでのランニングタイムではなく、プレーが止まれば時計を止めて、正味の試合時間を表示するリアルタイム方式へと変わった。

日本代表は、10月12日のスコットランド代表戦から、フランス代表、フィジー代表、アメリカ代表と戦い、4戦全敗に終わったが、初戦のスコットランド戦では後半にトライを奪って11対15と追い上げるなど健闘を見せた。このときのトライが、W杯の舞台で日本代表が初めて経験したTMOだった。ただ、スコットランド戦の戦いぶりが地元で評価されたものの、試合を重ねるうちに試合間隔が中5日、中4日、中3日とどんどん短くなる不利な日程に苦しめられて、91年大会以来の勝利を挙げることができなかった。こうした日程も、観客を集められる強豪国、つまり伝統国が優遇されて、日本のような非伝統国が、W杯における有力チームと見られていないことが影響を及ぼしていた。

大会は順調に進み、開催国のオーストラリアが、準決勝で不利という下馬評を覆して宿敵・オールブラックスを破ってファイナリストとなったこともあって、終盤には大きな盛り上がりを見せた。

そんな盛り上がりの最中、私と町井徹郎会長は、日本ラグビー協会の評議員を務める森喜朗元総理大臣に同行していただきオーストラリアを訪れ、決勝戦前日にシド・ミラー会長に会い、日本がＷ杯招致に立候補する旨を伝えた。

翌日の決勝戦は、北半球のチームとしてＷ杯初優勝を狙うイングランドが、オーストラリアと延長戦にもつれ込む死闘を繰り広げ、スタンドオフのジョニー・ウィルキンソンが利き足ではない右足で劇的なドロップゴールを決めて初優勝を果たした。今も語り継がれる伝説的な名勝負は、スタンドを地元オーストラリアの黄色とイングランドの白にくっきりと二分していた。８万人を超える観客に見守られて、１００分間の死闘の間中両チームへの熱烈な声援が絶えなかった。そんな大会の規模感と熱狂に、森元総理は心を動かされ、日本でのＷ杯開催に前向きとなり、以後、Ｗ杯の招致に大きな役割を果たすことになる。森元総理には、その年の11月にイラクで殉職した在英国大使館の奥克彦さんから「先輩、日本でＷ杯をやりましょうよ！」と言われた記憶も強く残っていて、それがＷ杯への思いをさらに強くされたようだった。

招致活動で痛感した世界との距離

翌04年には、招致の動きが本格化した。まず４月に森元総理が発起人となって、超党派の国会議員による国会ラグビークラブが結成された。これは、議員のみなさんがラグビーを楽しむというより、Ｗ杯の日本招致を支援する目的で結成したクラブで、ＩＲＢをはじめ、世界に対して日本の「本気度」をアピールすることができた。６月には、私がこのクラブの総会に出席して招致活動の現状を報告するとともに、支援を訴えた。

日本ラグビー協会も、７月の理事会で「２０１１年Ｗ杯の日本招致」を正式に決定。９月30日の立候補締め切りに向けて、情報収集や立候補のための手続きなどの詳細を詰めることになった。これまでは「どうやったら招致できるのだろうか」と話していたＷ杯が、いよいよ計画性を持って招致の実現に向けて動き出したのだ。

なにしろ、Ｗ杯招致は、日本にとって初めてのことであり、立候補するためにはどのようなことをすれば良いのか――といったところから学ばなければならなかった。

９月２日には、第１回招致実行委員会が開催され、その直後に、私とＩＲＢ担当の理事を務める堀越慈さん、協会事務局長代理の徳増浩司さんの３名でアイルランドの首都ダブリンにあるＩＲＢの本部を訪問し、シド・ミラー会長と会談して日本招致をアピールした。

そして、30日に立候補が締め切られ、11年Ｗ杯の開催を巡って、

国会議員ラグビーチーム

ニュージーランド、南アフリカ、日本の３カ国が争うこととなった。

この時期は、海外に出かけて各国のラグビー協会の理事会で日本開催をアピールするなどの活動がメインだった。

といっても、招致活動の詳細なノウハウがわかっていたわけではなく、無我夢中のまま、まったく手探りの状態でW杯の日本開催を訴え続けた。試合を通じた交流も少なく、投票権を持つＩＲＢの理事たちが宿泊するホテルのボーイにこっそり頼んで名刺を部屋に置いてきてもらうこともあった。各国の反応は当時冷ややかで、伝統国が牛耳るＩＲＢの理事たちにも「本当にラグビーをやっているのか」と最初はまったく相手にされず、正直に言えば心細く、そして苦しかった。今思えば、招致活動で最もつらい時期でもあった。最初はまさに挫折の連続だったのである。

英国のヒースロー空港からＩＲＢの本部があるダブリン行きのゲート№４で待つ時間は忘れもしない。理事たちの顔を浮かべながら「何を突破口にすればいいのか」と思い悩み、すっかり気が重くなったのを昨日のことのように思い出す。

理事たちの中には、日本に対して「カミカゼ、ハラキリ、ゲイシャ」的な、ステレオタイプのイメージしか持っていないような無理解な人がいただけではなく、04年時点で日本代表のW杯での戦績が1勝15敗であることを問題にするような空気もあった。ニュージーランドに大敗した過去を持ち出すまでもなく、日本にW杯を開催するだけのラグビー文化が根づいているのかを危ぶむような目が感じられたのだ。誰に相談できるわけでもなく、屈辱的な場面は多かったが、それでも泣き言をいっている時間もない。正攻法で日本の開催能力の高さを理解してもらうしか方法はなかった。

そうした悔しさの中で、招致活動を続ける過程で痛感したのは、代表チームに実力があって、かつ魅力的なラグビーをしていないと、世界では相手にされないということだった。

私は、海外チームが来征したときに、同行してきたレフェリーのアテンドをするなかで交流を深め、その後も新しいルールについての情報交換をするなどそれなりに人脈を築いてきたが、交流の範囲は、あくまでもレフェリーが中心で、ＩＲＢの理事たちとの接点はほとんどなかった。

ラグビーの国際交流の中心にあるのは、代表チーム同士が真剣勝負を戦うテストマッチでの交流だ。テストマッチは、ホーム&アウェーで交流するのが基本。だから、招かれてテストマッチを戦えば、次の機会はこちらに招く。そうした交流を通じて、そこで戦った選手同士の間に友情が芽生え、絆がさらに深くなる。双方の協会の交流も深まり、それが世界のラグビー界での発言力につながっていく。しかし、その前提となるのが、そうした交流を頻繁に繰り返すだけのメリットが双方にあるかどうかだ。

たとえば、北半球のイングランド、スコットランド、ウェールズ、アイルランドといったホームユニオン４協会にすれば、日本を招いてテストマッチを行うことよりも、オールブラックスを招いてテストマッチを組む方が、ラグビーの強化の上でも興行収入などの財政的な面でもメリットは大きい。だから、伝統国同士の交流が盛んになる一方で、日本のような非伝統国は、その隙間にテストマッチを組んでもらうのがやっと、という状態だった。

もっと率直に言えば、日本は弱いからテストマッチを組んでもらえなかった。もし日本代表に、伝統国並みの実力と人気があれば、海外の強豪国とそうした交流がどんどん生まれて、しっかりとした人脈ができあがり、正確な情報を得ることも可能であっただろう。それがＷ杯招致のような大きな案件のときにものを言っただろう。しかし、残念ながら、そうした国際的な人脈が当時の日本にはまだ乏しかった。

それでも、招致活動を知ってもらうためには、粘り強く足を運ぶしかない。ＩＲＢの理事会でも、相手が聞いていようが聞いてなかろうが、こちらは真摯に日本という国がどういう国で、どんなＷ杯を考えているのかをプレゼンテーションするしかなかった。日本という国は、当時はまだ多くの理事たちにとって「未知の国」であり、ラグビーに限って言えば、発展途上の未開発国だった。だからこそ、まず日本という国を知ってもらい、その中でラグビーがどういうポジションにあるのかを説明する努力が非常に重要だった。

こうした招致活動の過程で、上手く味方につけられたのが、海外のメディアだった。私たちは欧州各地で記者会見を開いて「アジアでＷ杯を！」ということを強調した。

実は、ＩＲＢにも、ラグビーを地球規模のマーケットで確固たる価値を持つグローバルスポーツにしようというアイディアがあって、オリンピック競技への採用を働きかけるなどの運動を行っていた。そういう流れをつかんで、「世界の60％の人口を持つアジアでのＷ杯」をセールスポイントにしたのだ。

そして、このような訴えが、海外のメディアから好意を持って受け止められたのである。

グローバル化を訴えたロビー活動

国内では、04年10月5日に招致活動のロゴマークが決定され、18日には、森元総理を会長にした2011年W杯日本招致委員会が発足。委員長には日比野弘さんが、ゼネラルマネジャー（GM）には平尾誠二さんが、それぞれ就任した。私は実務を担う実行委員会の委員長を任された。同時に、招致協賛企業の募集も開始して、国内での活動も本格化した。12月2日には、IRBからW杯を開催するための「入札文書概要」が日本ラグビー協会に届き、翌05年5月13日の締め切りまでに「入札文書(テンダー・ドキュメント)」を作成することとなった。

この入札文書作成にしても、日本にとっては初めてのことで、日本語で文言を練り、それを英訳して、さらにまたその英文が適切かどうかを吟味しなければならない。その作成には、招致委員会や招致実行委員会のメンバーをいくつかのグループに分けて当たらせ、文部科学省をはじめ、関係する省庁などからも助力を得て、膨大な時間とマンパワーをかけた。

2011年W杯日本招致委員会発足。中央が森喜朗会長
（2004年10月18日）

日本のラグビー事情をより深く理解してもらうために、年が明けた05年1月9日にはＩＲＢのボブ・タッキー副会長を、早稲田大学と関東学院大学の間で行われた第41回全国大学選手権決勝戦に招待し、国立競技場を埋めた満員の観客を見てもらった。

翌２月には、シド・ミラー会長を日本に招き、19日に秩父宮ラグビー場で行われた東芝府中ブレイブルーパス対トヨタ自動車ヴェルブリッツの第42回日本選手権準決勝を観戦してもらった。ただ、ラグビーを離れて会食した際には、畳の上に正座やあぐらで座る日本式のスタイルが苦痛だったらしく、ミラー会長が「もう二度と日本には来たくない」と冗談めかして私に愚痴をこぼす一幕もあった。それ以後、椅子に座るスタイルでの会食に切り替えたことはよく覚えている。

IRB 役員が視察した大学選手権決勝、早稲田大学対関東学院大学戦（国立競技場 /2005 年 1 月 9 日））© フォート・キシモト

３月には、今度は私が香港で行われた第４回ラグビー・ワールドカップセブンズ（７人制ラグビーのＷ杯）に赴き、ＩＲＢの理事たちに接触して招致活動を行った。さらに経験とノウハウを学ぶために03年開催国のオーストラリアに飛んで、同国ラグビー協会の理事会に出席して、日本開催への支援を訴えた。

これらの活動は、とにかく日本のラグビー事情を知ってもらいたいという思いから出たものだった。

そして、5月9日。私は、ようやく仕上がった入札文書を携えて、ダブリンにあるIRB本部を訪れ、マイク・ミラー事務局長に提出した。「新たな地平線」をキャッチコピーに掲げたこの入札文書は、日本がW杯開催地として十分にふさわしい資格や要件を備えていることを示し、日本で開催することが、アジアへ、ひいては世界にラグビーを普及させるためにいかに有益であるかを記した文書だが、受け取ったIRBは、この文書をW杯の運営を委託しているRWCL（ラグビー・ワールドカップ・リミテッド）に回し、RWCLの中で時間をかけて精査されることになる。

その精査のために、6月にはRWCLの視察団が来日し、日産スタジアムや長居スタジアム、神戸ウイングスタジアムなど、入札文書で試合会場として使用を予定している施設などを見て回った。その際は現場で建設的なやり取りが行われ、厳しい要求もあった。

入札文書の提出で、事務的な作業は一つの区切りを迎えたが、開催地を決めるIRB理事会が予定されている11月17日までが、招致活動の正念場だ。まずは、アジアでW杯を開催してラグビーのグローバル化に寄与するという日本のスタンスを、ヨーロッパなどの伝統国で発信してもらうために、メディア対策として9月17日のトップリーグ開幕戦に、英国の高級紙タイムズをはじめ、主要なヨーロッパのラグビー記者を招待して、実際に試合を見てもらった。05年6月に、森元総理が日本ラグビー協会の会長に就任したことも、W杯招致には大きな追い風となった。

10月にはRWCLの理事会を東京で開催し、シド・ミラー会長ら来日した理事が、当時の小泉純一郎首相を表敬訪問するなど、日本が国を挙げてW杯招致に取り組んでいることをアピールすることができた。

皇室とラグビーは昔からつながりが深く、日本協会名誉総裁を務めた三笠宮寛仁親王殿下のご招待でアフタヌーンティーを催していただき、軽妙な会話を交えて歓迎してもらう機会もあった。

その後は、多忙な森会長とともにヨーロッパに渡って、地道なロビー活動を続けた。

当時は日本ラグビー協会の決して豊かとは言えない財源からそうした費用を捻出していたので、ロビー活動を行う際には、各国にある日本大使館にお世話になった。

10月18日には、ローマにある在イタリア日本大使館（松原亘子大使）でイタリア・ラグビー協会の理事ら関係者を招き、W杯日本開催のためのプレゼンテーションのようなことも行った。そこに、イタリアに進出してい

IRB 理事会でのプレゼンテーションにビデオメッセージを頂くなど招致活動に協力して頂いた小泉純一郎首相（当時 / 中央）、右は河野一郎氏

三笠宮寛仁殿下（左から 3 人目）から IRB 役員等をティーパーティーにお招きを頂いた

る日本企業の人たちも招いてW杯招致に動いていることを説明し、イタリア企業の関係者にも招致活動を知らせて啓発してくれるように頼んだり、イタリア協会をサポートしてくれるようお願いもした。

同様のことを、パリの在フランス日本大使館（平林博大使、その後の飯村豊大使）、ロンドンの在英日本大使館（野上義二大使）、ダブリンの在アイルランド大使館（林景一大使）でも行って、日本でのW杯開催への支援を要請した。

そうした活動を、各国の大使を筆頭に、日本大使館がサポートしてくれたのである。

思い返せば、この時期は本当に手探りで招致活動を行っているような状態で、精神的にも非常に苦しかった。

そうした日々の中で、フランス大使館が日本食をふるまってくれたおかげで、絶品のそばに舌鼓を打ったことはいまだに忘れない思い出だ。横文字のメニューが続いて疲れた身には、それが心にしみる慰めとなった。

11月に入ると、ロンドンとダブリンで記者会見を開いて「日本でのW杯開催がラグビーのグローバル化につながる」と訴え、かなりの手応えを感じた。

私たちの主張が説得力を持ったのは、この年の7月に、シンガポールで行われた国際オリンピック委員会（IOC）の総会で、野球とソフトボールが、12年に行われるロンドンオリンピックの実施競技から外されることが決まったという、思わぬ事態が起きたからでもあった。野球とソフトボールが除外されて空いた2つの実施競技の枠に、ラグビーがセブンズ（7人制）で入り込むことができる可能性が出てきた。

ヨーロッパのメディアの論調は、ラグビーがグローバルスポーツとして世界に広がることを期待する論調が多く、そのためには、アジアで——つまり日本で——W杯を開催してもいいのではないか、という流れになっていた。

そして、17日——ついに、運命の理事会が開催される日がやってきたのである。

「ラグビーよ、恥を知れ！」～敗れた日本に吹いた〝追い風〟～

理事会では、まず立候補した南アフリカ、ニュージーランド、日本の3カ国が、それぞれプレゼンテーションを行い、自国への投票を呼びかける。選挙で言えば「最後のお願い」だ。

その後、理事による投票が行われ、最初に3カ国の中からもっとも得票数の少なかった国が脱落する。そして、最後に残った2国間で決選投票となるのだ。

ちなみに、当時のIRBの議決権は、全体の票数が24。その内訳は、イングランド、スコットランド、ウェールズ、アイルランド、フランス、ニュージーランド、オーストラリア、南アフリカの伝統国8協会は、それぞれIRBに2名の理事を出しているので2票を持ち（合計16票）、遅れて正式メンバーとなった日本、アルゼンチン、イタリア、カナダは理事が1名なのでそれぞれ1票（合計4票）、さらにヨーロッパ地区、アフリカ地区、アジア地区、オセアニア地区の各地域協会からも理事が1名派遣されているので1票ずつ（合計4票）、という配分だった。

W杯開催国を決める場合は、立候補している協会は投票の権利を有していないために、一次投票は、ニュージーランド、南アフリカ、日本の5票を除いた19票で争われることになっていた。

運命の17日。3カ国の直前の下馬評は南アフリカ、日本、ニュージーランドの順だった。

IRBの理事会でプレゼンターを務めたメンバー。中央が森喜朗氏。（2005年11月17日）© 日本ラグビーフットボール協会

日本からは森会長、野上義二・駐英日本大使らが演壇に立ってプレゼンテーションを行って、アジアでのW杯開催を訴えた。ニュージーランドは、ヘレン・クラーク首相（当時）が熱烈な演説を行って喝采を浴びたが、事前の予想で最も不利が噂されていたこともあって、投票を前に「最初に落ちるのはオレたちだ」と、いささか諦めムードだった。

実は、投票日前日の16日、早朝にニュージーランド協会の幹部が、私たちが宿泊しているホテルを訪れて、こう告げていた。

「もし、一次投票で私たちが落選した場合は、二次投票では、南アフリカではなく日本に票を入れる」

もちろん、私たち日本側も、一次投票で落選した場合には、二次投票でニュージーランドに投票する旨を返答した。

日本は、ニュージーランドとは、1968年に日本代表がオー

ルブラックスジュニア（オールブラックスの実質的な二軍）を破るなど古くから交流が盛んで、私もニュージーランド協会を何度も訪問しており、相互のラグビー交流を促進するアコード（協定）も結んでいた。ニュージーランドの隣国オーストラリアも日本に好意的で、この2カ国とは協力体制ができていたのだ。

しかし——一次投票の結果が明らかにされると、会場に衝撃が走った。本命と見られていた南アフリカがわずか4票しかとれずに姿を消したのである。残り15票の行方は、ニュージーランドに8票、日本に7票で、予想外の接戦だった。

しかし、これが日本にとって有利な結果と言えるのかどうかは、正直なところ不安だった。お互いに一次投票で敗れた場合に二次投票で支援に回ることを約束していたニュージーランドとの直接対決になってしまったのだ。

しかも、当時の日本は、まだ南アフリカとの交流が乏しく、ニュージーランドに行ったような事前の根回しを行っていなかった。南アフリカから代表クラスの選手が続々と来日してリーグワンでプレーしている現在とは、まったく事情が異なっていたのである。

祈るような気持ちで二次投票を見つめる私たちの前で投票は進み、やがて結果が公表された。

日本　9票。

ニュージーランド　12票。

わずか3票差とはいえ、負けは負けだった。

理事会での投票は無記名で行われるため、どの協会がどちらに票を投じたのかすぐにはわからなかったが、南アフリカの2票が、同じ伝統国であるニュージーランドに流れたのはまず間違いがなかった。後に、イングランド協会とオーストラリア協会が「ラグビーのグローバル化のため」に、日本に2票ずつ投じてくれたことが判明し、フランス協会が日本に1票、ニュージーランドに1票と分散して投票したことも明らかになったが、それ以外の伝統国は、みなニュージーランド開催に票を投じた。

アジアでのW杯開催が、ラグビーのグローバル化を促進すると訴えてきた私たちの主張は、長く続くラグビー伝統国の固い絆を崩せなかったのである。この結果を受けて招致委員会日比野委員長は「日本の主張したラグビーのグローバル化が認められず残念」、和田文男日本協会副会長は「アジアのラグビー普及と発展は不可欠であり、ミッションの変更はない」とコメントした。

翌18日。英国の高級紙タイムズには『Rugby, Shame on you（ラグビーよ、恥を知れ！）』という、衝撃的な見出しが躍った。内容は、ラグビーのグローバリゼーションを考えれば、世界の人口の60％を占めるアジアをないがしろにして、白人中心の、ヨーロッパのファイブネーションズや南半球の3カ国だけでW杯を開催していてはグローバリゼーションとは言えない——という、今回のＩＲＢの決定を鋭く批判したものだった。

理事会での投票で私たちは敗れたが、その外側の世界では、私たちに追い風が吹いていたのである。

もう一つ付け加えれば、ＩＲＢの理事会の下部に、W杯に立候補した国の開催能力を調査する専門委員会があり、私たちは、ＩＲＢの理事だけではなく、専門委員たちにもさまざまな働きかけを行ってきた。

この活動もなかなか苦労が多く、このときは実を結ばなかったが、その４年後の09年には、この委員会が15年Ｗ杯はイングランド、19年Ｗ杯は日本開催が望ましいというレポートを作成して理事会に上げてくれた。苦労は決して無駄ではなかったのである。

勇気づけられた「ネクスト、ノビー！」の一言

11年Ｗ杯はニュージーランド開催――というＩＲＢの決定には、森会長も相当腹を立てていたようだった。日本への帰国を前に、シド・ミラー会長のもとに挨拶に行った際、森会長は、ＩＲＢの意志決定システムそのものにも不満をぶつけるように、こう主張した。

これは、私の記憶をもとに文字にするよりも、森会長自身が、インタビューに応えて述べた言葉を引用しよう。

『当時、ＩＲＢには21名の理事がいたのですが、その投票権の割り当てがひどかった。創設協会である(注・オリジナルメンバーの意味だと思われる）イングランド、スコットランド、ウェールズ、アイルランド、フランス、オーストラリア、ニュージーランド、南アフリカからは２名ずつの理事がいたので、投票権も２票ずつありました。つまり、この８ヵ国・地域で過半数の16票を占めていたんです。翻って、アルゼンチン、イタリア、カナダ、日本からは理事が１名でしたから１票ずつしか割り当てられていませんでした。

残りの1票はＦＩＲＡ（ヨーロッパラグビー機構）が持っていました。そんなとんでもない仕組みを初めて知って「こんなバカな話があるか！」と憤慨しましたよ。いわゆる旧大英帝国が束になれば、簡単に過半数が取れてしまう。そんなひどいことをやっていたんです。

～中略～国連では、経済大国のアメリカや中国も、小国のフィジーやトンガも、すべて平等に1票ずつです。なぜ、ラグビーの世界だけが、力のある国が2票で、そうではない国が1票しかないのでしょうか。これが民主主義の先導国であるイギリスがやることですか？こんな時代錯誤的なことをしていることが世界に知られたら、恥ずかしいですよ。今すぐ改めなさい』

以上、『日本のラグビーを支える人々　第84回　世界の重い扉を開いて日本ラガーマンの悲願実現へ　森　喜朗』https://www.ssf.or.jp/ssf_eyes/history/interview/084.html?tab=sStory1　笹川スポーツ財団　より引用。

ＩＲＢでは、ヨーロッパのファイブネーションズと南半球３カ国が、それぞれ理事を二人出しているの

森喜朗氏と打ち合わせ

で議決権が2票になるわけで、いわばそれがラグビーの「伝統の力」なのだが、ラグビー界にいる人間が当たり前のこととして受け入れていることに、日本国元内閣総理大臣が苦言を呈したのだから、それはインパクトがあった。

しかも、ミラー会長は、決選投票で敗れた森会長を慰めようと思っていたにもかかわらず、元総理から強烈な言葉のパンチを浴びせられて、衝撃を受けた。「日本に森あり」を印象づけた一幕だった。

さらに森会長は、「いつまでも、伝統国の間でボールを回すようにW杯の開催を回していては、ラグビーのグローバリゼーションとは言えない」という趣旨の発言もされていて、こうした一連の発言が、同日の朝に出たタイムズ紙の論調と相まって、ＩＲＢの理事たちに深刻に受け取られたことは想像に難くない。

実は、私も投票に敗れた瞬間は悔しくて言葉も出なかったが、そんな失意の中にいた私に招致活動を通じて顔見知りになった理事が、肩をたたいてこう励ましてくれた。

「ネクスト、ノビー！（Next, Nobby）」

その言葉を聞いて、私は勇気づけられた。

心の中では「11年に敗れたのだから次の15年を狙おう」と決意は固めていたが、それが自分だけの考えではなく、他の理事の頭にもあることだとわかって、意を強くしたのである。

投票自体も僅差だったし、日本に向かっていい風が吹いていたのも事実だった。

15年W杯日本開催に向けて、再び日本ラグビー協会が招致の意志を固めるかどうかはわからなかったが、03年1月に「W杯日本開催」を打ち上げてからの2年半に及ぶ招致活動で、世界という範囲で新しいネットワークを築くことができたし、「アジアでW杯を！」という主張が、かなり的を射ている手応えもつかんだ。

だから私は、ダブリンから成田空港に帰り着くと、帰国記者会見の席上で、次のように短く言葉を述べた。

「W杯招致活動を通して、ラグビー界の伝統的なシステムの問題に一石を投じた。我々がやってきた活動は決して無駄ではなかった。今後も、今回の招致活動の財産としてできた世界とのネットワークを通じて、ラグビーをグローバルスポーツにしていくための改革の先頭に立って活動をしていきたいと思っています」

そう。そのとき、心の中では、すでに次のW杯招致に向けて手を挙げる決意を固めていたのである。

それほど、W杯日本開催は、魅力に溢れた私の「夢」だった。

第3章　日本開催の夢実現と重い宿題

2011年W杯の日本招致が、伝統国の結束の前に敗れて痛感したのは、ヨーロッパをベースにする国際ラグビーボード（IRB）の理事たちにとって、日本がまだ「Far East」、つまり極東のラグビー非伝統国としてしか受け止められていない現実だった。

しかし、見方を変えれば、それをプラスの要素に転化することも可能だと考えられた。彼らにとっては「未知の地域」でありながら、マーケティング的に大きな可能性を持つのが、世界の人口の約60％を占める「アジア」である。日本がその地域を代表してW杯を開催するのであれば、極東という地理的なハンディキャップが逆にプラスに働くのではないか。つまり、極東にある日本でW杯を開催すること自体が、ラグビーがグローバルスポーツとして成長していることを世界にアピールするための、格好のショーケース（展示会）になるのではないか――そんな思いを強くしたのである。

一方で、IRBから日本ラグビー協会の組織運営が「プロフェッショナルではない」と指摘されたり、IRBが主催する各種大会を運営した経験のないことについて、かなり厳しい注文がつけられたことも事実だった。この指摘については、実際にその通りだったが、これらの問題は必要に応じて組織を強化すれば良い、国際大会については要請されれば対応出来るという構えでいた。

当時の日本ラグビー協会、関東、関西、九州の3地域ラグビー協会、そして、全国47都道府県のラグビー協会は、基本的にボランティアベースで運営されていて、有給フルタイムで働く専門の職員がほとんどいなかった。IRBが主催する大会についても、W杯はもちろん、U20（20歳以下）の国際大会も運営したことがなかった。W杯を日本に招致しようとするならば、当然そうした指摘に対して、こちらもできる限り対応して、彼らが求める水準をクリアする必要があった。

招致に敗れた悔しさは当然あったが、それ以上に、次の招致活動に向けての手応えと、それを結果に結びつけるために具体的な課題をどう解決するかといったことで、私の頭はいっぱいだった。

05年12月9日に開催された２０１１年ラグビーW杯日本招致委員会で、私は招致についての最終報告を行ってから、その後の記者会見に臨んでこういう話をした。

（日本ラグビーフットボール協会ホームページ　05年12月10日　『２０１１ラグビーワールドカップ日本招致委員会　最終報告』より引用　https://www.rugby-japan.jp/news/6247）。

「本日、委員会で本活動の最終報告をいたしました。（中略）委員会では、この活動で得られた財産を積極的に継承すべきだという意見が多く、そのような方向性で行きたいと考えています。

今後は、アジア協会での活動、および（運営について）日本が積極的にリーダーシップ発揮していかねばなりません。12月17日にパキスタンのロホールでのアジア理事会で招致結果報告をするとともに、アジア・ラグビー・インスティテュート（アジアラグビーへの貢献を目的に設立された組織）の承認を得たいと考えております。また今回の理事会では（役員改選で）アジア協会からのＩＲＢ理事を決定する予定です。（中略）

ＩＲＢからの指摘は、日本はあまりにもアマチュアだということです。組織もプロ化し、人も入れて強化すべきで、財源の許す限り、責任を持って仕事ができる人を育成していきたいと考えております。

また、日本もいつまでも受け身でなく、ラグビー小国の代表として積極的な発言をしていかねばならないと思います。国際化は当然のことで、資金面で許せる限り太い活発な組織をつくり、いつまでもファーイーストの国でなく、ＩＲＢに『近い国』をつくっていく必要があります。

２０１５年のワールドカップの招致へ立候補するかという問題ですが、日本協会理事会、および本委員会でも『積極的に』という方向性が出ました。正式な決定までには様々な検討が必要ですが、手を挙げることよって日本のラグビーの活性化が図られますし、緊張感を持った活動になると思います。組織作りと共にスタンスを身近にとらえ、将来の若人に財産（レガシー）を残していきたいと思います（以下略）」

そうした活動を推進するために、徳増浩司さんを中心としてアジアとの連携を強化する国際部門のさらなる充実を図った。日本ラグビー協会として改めて15年W杯の日本招致を宣言したのは、06年11月、森会長が、日本協会創立80周年記念行事の中で発表したときだったが、それまでの間も、招致を継続する意思が随所で話し合われ、次の招致に向けた準備は着々と進んでいたのである。

「カラオケ外交」でリベンジ

次の招致にとって大きな追い風を生むための布石も打った。07年7月に、私自身が「虎穴に入らずんば虎子を得ず」の覚悟で立候補し、アジア・ラグビー協会選出のＩＲＢ理事となったのも、その一つだ。前回のW杯招致で伝統国の壁に直面した苦い思いを繰り返すわけにはいかなかった。

アジア協会からＩＲＢの理事を出す以上、そこに私が立候補して選出されれば、09年までの3年間にわたって、ＩＲＢの理事たちと理事会の場で日常的に顔を合わせ、情報交換が可能になる。W杯の日本招致にとって有益な情報も得られやすくなるだろう。

次回W杯の開催地を決める投票の際に、私自身が参加できることも、大きなメリットとして考えられた。私がアジア協会選出のＩＲＢ理事になれば、正々堂々と日本開催に少なくとも1票を投じることができる――そう考えたのである。アジア協会での理事会の投票では対抗馬のシンガポールから派遣されたテオピン理事を大差で破り、選出された。日本人のＩＲＢ理事は過去に複数いるが、アジア協会代表の資格で選出されたのは初めてだった。このとき、アジア協会の執行部（ＥＸＣＯ）が設置され、アジア協会の会長、副会長、事務局長、会計、ＩＲＢ理事の5名の役員と、選挙で選ばれた5名の執行委員で年４回執行部会を開催することも決定された。徳増さんも執行委員に選出され、私とともにＥＸＣＯに参加することになった。

そうした働きが実って、アジア協会の戦略計画の中に「次回のW杯を日本、アジアで開催する」という文言を、賛同を得て入れることができた。アジアのラグビー界の総意として「アジアでW杯を」というスローガンを打ち出すことができたのである。

アジア協会選出のＩＲＢ理事となって理事会に出席すると、私を迎える空気が、以前の招致活動の時とはガラリと変わっていた。日本ラグビー協会専務理事と招致実行委員長の肩書きで日本でのW杯開催をアピールしても、話を聞いているのか聞いていないのかわからないような反応しか示さなかった理事たちが、

「ノビー！」「よく来たな」と親しげに声をかけて、私をハグしてくる。厳しかった風が一変した。

やはりアジア協会の後押しは効果的だった。私がＩＲＢ理事という彼らと同じポジションに就いたことで、彼らが私を「仲間」と認めたのだ。それだけ、彼らはプライドが高く、ＩＲＢ理事というポジションに誇りを持っていた。そうなると、私のもとに正確な情報が入るようになる。

理事会の場を離れて個人的にビールを飲みながら親交を深めることも可能になり、そこでも率直な意見交換ができるようになった。前章でも、ラグビーの伝統国では、テストマッチなどの交流を通して人脈が築かれ、その仲間意識や友情が、現実のマッチメイクやさまざまな案件を動かす原動力になることを述べたが、それはＩＲＢの理事会も同様であった。理事会が終わった後のディナーの席に着けば、シド・ミラー会長や、後に会長となるベルナール・ラパセ氏らとともに、必ずカラオケになった。彼らが、カラオケ好きなのだ。

新顔の理事としては、これは自分の顔と名前を売り込む絶好のチャンスだった。求められればマイクを握り、エルビス・プレスリーの曲などを歌っては場を盛り上げて、人間関係をより密接にしていった。パリのセーヌ川に浮かべた船の上で行われたＩＲＢ主催のディナーパーティーには、和服姿の妻のクルミとともに参加し、ここでも私は椅子の上に立って

セーヌ川船上のパーティーで椅子の上に立って熱唱、カラオケ外交を繰り広げる（2008 年）

熱唱した。ベルサイユ宮殿で行われた懇親会では、妻と共に伴奏に合わせて「君が代」も熱唱した。妻の和服の装いは世界各国の理事のご婦人方たちにも関心を集め、すっかり話題の中心となった。

いわばありのままの自分をさらけ出してフェイス・トゥ・フェイスで人間関係を深め、W杯の日本開催を売り込んだのである。「ミスター・カラオケ」という異名までついた「カラオケ外交」のおかげで、11年W杯日本開催のためのプレゼンテーションやロビー活動で私の顔を見知っていた人が、初めて私を仲間だと認めてくれた。こうした交流もまた、次の招致に役立つと私は信じていた。

ＩＲＢ理事としてセブンズの五輪競技採用をアシスト

理事である以上、当然、ミッションも課せられる。私に与えられた使命は、ラグビーをオリンピック競技にするための活動であり、そのための、アジア諸国を中心とした根回しだった。

ラグビーは、１９００年パリ五輪、08年ロンドン五輪、20年アントワープ五輪、24年のパリ五輪と、過去に4回、15人制の試合が行われたが、24年を最後にオリンピックから姿を消していた。もちろん、肉体的な消耗が激しい15人制ラグビーをW杯のフォーマットで行えば、決勝戦が終わるまでに45日間かかるわけだから通常17日間のオリンピックにはなじまないが、7人制ならば3日間あれば通常のフォーマットで競技を行える。実際、現在年間を通して10大会が行われているＨＳＢＣ（香港上海銀行）ワールドラグビーセブンズシリーズも、一つの大会に要する日数は3日間だ。しかも、男女ともに競技としての実績があり、グローバル化だけではなく、ジェンダーの問題もクリアできる。オリンピックと相性が良いことは間違いなかった。だから、セブンズをオリンピック競技に、という運動が始まったわけだが、その根底にあったのは、ＩＲＢが、オリンピック競技の中に「ラグビー」という名前を入れたいという強い意欲を持っていたからだった。オリンピック競技に採用されることが、ラグビーをグローバルなスポーツにするためには必要不可欠――と、彼らは考えていたのである。

私も、アジア・ラグビー協会を代表してＩＲＢの理事となった以上は、新任のベルナール・ラパセ会長の命を受けて、そのために尽力した。ドーハとシンガポールで行われたアジア・オリンピック評議会（ＯＣＡ）の会議に参加し、アジア・ラグビー協会の名刺を配り、アジアの国際オリンピック委員会（ＩＯＣ）委員たちに「７人制ラグビーをオリンピック競技に、よろしくお願いします」と挨拶して回った。

その過程で、後にＩＯＣの会長となるトーマス・バッハとも、シンガポールで会って知遇を得た。そのとき私が得た感触は、「オリンピック競技として実現できそうだな」というものだった。

一つには、セブンズが競技として純粋に面白いことが挙げられる。セブンズは、ご存知のように前後半

妻クルミも和服でパーティーに参加、招致活動に一役買った。
写真は IRB ラパセ会長夫妻と（2008 年）

7分ハーフで1試合が行われ（ハーフタイムは2分）、とにかく決着が早い。しかも、15人制と同じグラウンドを1チーム7人でプレーするわけだから、密集戦が少なく、スペースがあってボールがよく動く。

日本では、15人制に比べて馴染みが薄く、秩父宮ラグビー場でワールドセブンズシリーズを開催しても定着しなかったが、当時ＩＯＣのプログラム委員だった岡野俊一郎さん（故人　17年2月没）に香港セブンズを観戦してもらうと、生で見た香港セブンズを「面白い！」と気に入ってくれて、正式競技採用に向けた推薦の意見書を書いてくれた。攻守が瞬時に入れ替わり、激しいコンタクトと、トリッキーなパスや痛快なステップワークで独走トライが頻繁に出現するセブンズが、魅力的な競技として映ったようだった。

この香港セブンズは、１９７６年から続く世界最大規模の7人制の国際大会で、94年に改築されて現在の姿になった香港スタジアムが満員となる4万人が毎年3月末に観戦に訪れる。ただ、観客の多くは、英連邦圏にゆかりのある白人であり、中国系をはじめとするアジア系の観客は少ない。

IOCのプログラム委員だった岡野俊一郎氏 © フォート・キシモト

しかも、観客のほとんどが、試合はほとんどそっちのけで、みんな思い思いに仮装したり、朝からビールを飲んでわいわい騒ぎ、スタジアム内でときどきモニターを見て試合の経過を確かめるだけの観客もかなり多くいて、私自身も最初に見たときは心底驚いた。しかし、見ているだけで何とも不思議なお祭りムードが漂い、楽しい気分でいっぱいになった。

なんというか、ビールを飲むこととラグビーを見ることが一体化しているのだ。あの雰囲気は、日本ではとても考えられないものだし、アジア諸国のスポーツ関係者にとっても、毎年行われる香港セブンズの賑わいは奇異に映っていた。それでも、観客の行動は別にしても、純粋に競技として見ればセブンズはスピーディーで魅力的であり、私自身も香港セブンズでレフェリーとして参加してゲームを楽しみ、オリンピック競技には最適だと考えていた。

果たしてＩＯＣは、09年10月9日にデンマークで開いた総会で、7人制ラグビーをゴルフとともに16年夏季オリンピック（リオデジャネイロ大会）から正式競技に採用した。

それは、私にとっても嬉しいニュースだった。

招致のための「御前試合」となった07年W杯

２００７年は、フランスでW杯が行われた年でもあった。前回の03年W杯オーストラリア大会は、日本として正式に立候補する前の戦いであり、前章で述べたように、私と当時の町井徹郎会長、そして森喜朗元総理で、当時のシド・ミラーＩＲＢ会長に、日本がW杯招致に立候補する意志があると伝えたのは、その大会の決勝戦前日だった。

それから4年が経ち、ニュージーランドとの決選投票に敗れたとはいえ、日本はその間、W杯を開催するにふさわしい国であることをアピールし、アジアの代表として招致活動を行ってきた。

招致活動でフランス協会を訪問

そうした経緯がある以上、ＩＲＢとしては、このＷ杯フランス大会で、日本がＷ杯を開催するにふさわしい実力を備えているかどうかを見極めるつもりでいると見て、まず間違いはなかった。

当時、ＩＲＢからＷ杯の運営を委託されているラグビー・ワールドカップ・リミテッド（ＲＷＣＬ）のトップには、後にＩＲＢ会長となるフランス・ラグビー協会会長のベルナール・ラパセ氏が座っていた。ラパセＲＷＣＬ会長にとっては、地元フランスで行われる大会だから、日本戦を視察するのは当然だろうし、彼がＲＷＣＬのトップとしての見方で試合を見ることも予想できた。それは、他の理事たちにとっても当てはまることだった。

しかし、森会長が多忙な日程を縫ってフランスのリヨンまで足を運んだ日本代表の初戦、オーストラリア代表戦は、３対91と大敗した。ただ、ミラー会長やラパセＲＷＣＬ会長らが視察するのが次のフィジー戦だったというのが、不幸中の幸いだった。

そのフィジー戦は、９月12日に、トゥールーズで行われた。トゥールーズは、スタッド・トゥールーザンという名門クラブチームを持つフランス随一のラグビー熱狂都市で、目の肥えた地元のファンが日本対フィジー戦を見守った。

試合の序盤は、フィジーのマジックのようなランニングラグビーを期待する地元のファンが、フィジーに対して大きな声援を送っていた。しかし、ゲームは両者の力が拮抗し、リードが6回も入れ替わるシーソーゲームとなった。日本は、センターの大西将太郎の3PGで前半を9対10と1点差で折り返し、後半30分の時点でも24対25と拮抗した展開が続いた。その後、フィジーが1トライ（コンバージョン成功）、1PGを加えて24対35と日本を引き離しにかかったが、日本は38分にロックのルーク・トンプソンがトライを挙げ、大西のコンバージョンで31対35と、1トライで逆転可能な4点差に迫った。

そして、そこから試合終了まで、日本はフィジーをゴールラインに釘付けにして、逆転を狙って猛攻撃を仕掛けた。この頃には、トゥールーズのラグビー好きたちが、一斉に「ジャポン、ジャポン！」と声を張り上げて日本に声援を送り、場内はものすごい熱気に包まれた。

日本は結局、最後のアタックをトライに結びつけることができずに、31対35のまま敗れたが、試合を終えても3万4千人を超える観客の拍手は鳴り止まず、私の胸も熱くなるような光景が続いた。

当時IRBの副会長で、ワールドラグビーとなった現在の会長であるビル・ボーモントは、試合後に「今回のW杯でベストのゲーム」とコメント。私も、その言葉に胸をなで下ろした。

20日にはウェールズのカーディフに場所を移してウェールズ代表との試合が行われた。この試合は、日本が18対72と大差で敗れたが、前半19分には、日本のロック大野均が自陣からカウンターアタックを仕掛け、最後はウイングの遠藤幸佑がトライに仕上げて、この時点で8対7と逆転している。このトライが「今大会で、これまで最高のトライ」という高い評価を受けて、なんとか面目を施した。

そして25日、再びフランスのボルドーに戻って、日本対カナダ代表の最終戦が行われた。この試合も、日本は遠藤のトライで5対0とリードして前半を終えたが、後半にカナダに2トライを奪われて5対12で終盤を迎える展開となった。そして、終了直前に、途中出場でセンターに入った平浩二がトライを挙げ、大西のコンバージョンで12対12と追いついて引き分けに持ち込んだ。

やはりボルドーでも、終盤の日本の猛攻撃に「ジャポン、ジャポン！」のコールが3万3千人を超える観客から沸き起こり、最後は選手たちが歓声に応えながら場内を一周した。

この試合にも、シド・ミラー氏、ベルナール・ラパセ氏といったＩＲＢの首脳たちが訪れて、試合の一部始終を見守った。特に大野均のひた向きなプレーに称賛をこめた言葉を頂いた。

そのなかで、勝利こそ手にできなかったが、逆転された試合を引き分けに持ち込んで、95年Ｗ杯南アフリカ大会から続いた日本のＷ杯での連敗を13で止めた。

日本は、オーストラリアやウェールズといった「ファースト・ティア」と呼ばれる強豪国には大差で敗れたが、同格のフィジーやカナダといった国とはしっかりと競ったゲームを戦うことができた。つまり、ＩＲＢの首脳たちに、日本はＷ杯を開催するのにふさわしくないという烙印を押させずに済んだのである。

同時に、私たちが立ち上げに関わったジャパンラグビートップリーグを通じて、選手たちが成長を遂げ、少なくともＷ杯での連敗を止めるところまで力をつけてきた事実が、私には嬉しく思えた。

だから私は、選手たちに「本当にありがとう。みなさんの努力で、日本ラグビーを世界にアピールすることができました。ここで得られたものを、トップリーグ、そして各チームに持ち帰ってください」と、ねぎらいの言葉をかけた。それが、私の偽らざる気持ちだった。

W杯参加チームを16チームに削減の動きを封じた非伝統国の健闘

私が、W杯フランス大会での日本代表の選手たちの健闘に胸をなで下ろしたのには別な理由もあった。

この大会が始まる前から、海外のメディアを中心に「11年W杯ニュージーランド大会から参加国が16になる」という報道が盛んに流れ、実際に日本対ウェールズ戦のあとの記者会見では、ヘッドコーチのジョン・カーワンに参加国を16に減らす動きがあることについての質問も飛んだと聞いた。

私も、メイン会場のフランス競技場での大会の開幕戦、フランス対アルゼンチン戦の際に、シド・ミラー会長から「参加国を16に減らしても、アジア枠は確保するから心配するな」と耳打ちされていた。そのくらい、この話がIRB内部で真剣に検討されていたのだ。

W杯は、03年のオーストラリア大会から20チームが5チームずつ四つのプール分かれてプールステージを戦い、各プールの上位2チームが準々決勝に進出する現在のフォーマットで行われていた。この方式の場合、大会で開催される試合数は48に上り、単純に考えて7週間の大会期間が必要になる。それだけ大会を運営するコストもかさむ。16チームにすれば、大会期間を1週間は縮められるし、試合数も32試合で済む。よりコンパクトな規模でW杯を開催できるのだ。さらに、20チームでW杯を開催するようになった99年大会では、ニュージーランド対イタリア戦が101対3、イングランド対トンガ戦が101対10と2試合の100点ゲームが出た。03年大会でも、開催国のオーストラリアが、ナミビアを相手に142対0、イングランドがウルグアイに１１１対13と、やはり二つの１００点ゲームが登場した。

こうした「ミスマッチ」と呼ばれる大差のゲームをなくすためにも、参加国を絞った方がいいという考え方が、確かにＩＲＢの中にはあった。現行の20チームを16に減らすことは、ＩＲＢが推し進めたいラグビーのグローバル化の方向性と明らかに矛盾をきたす。日本にとっても、いくら「アジア枠を確保する」と言われても、それがいつまで続くのか保証はない。しかも、より絞り込まれたチームが参加する大会に臨むわけだから、Ｗ杯での「２勝目」を挙げるのが難しくなるのは明らかだった。

ＩＲＢは、21世紀に入った辺りから「ティア」という考え方を取り入れて、加盟国に序列をつけるようになっていた。ティアとは階層を意味する英語で、07年当時で言えば、ヨーロッパのシックスネーションズを戦うイングランド、スコットランド、ウェールズ、アイルランド、フランス、イタリアと、南半球のニュージーランド、オーストラリア、南アフリカが戦うトライネーションズ（三カ国対抗＝２０１２年にアルゼンチンが加わって現行のザ・ラグビー・チャンピオンシップとなる）が「ファースト・ティア」、つまり一番上の階層となり、その下に「セカンド・ティア」として日本やフィジー、アルゼンチン、サモア、トンガ、ジョージア、カナダといったＷ杯に出場している国が位置づけられている。

ＩＲＢも、セカンド・ティアの国々のレベルを上げるために戦略的な投資を行っていた。日本に関連することで言えば、日本にトンガ、フィジー、サモアと、ニュージーランドやオーストラリアの代表に準じるチームを一堂に集めたパシフィックネーションズカップのような大会をプロデュースするなど、施策を打っていた。

しかし、そうしたグローバル化の動きと逆行するように、W杯をファースト・ティア中心のコンパクトな大会にしようというアイディアが出てくる。それだけ伝統国同士の絆は固いのだ。

　こうした矛盾に満ちた、W杯参加チーム数を削減するか否かという議論に決着をつけたのは、他ならぬセカンド・ティアのチームの活躍だった。日本を4点差で破ったフィジーは、プールステージ最終戦でウェールズ代表を38対34と、またもや4点差で破ってプールB2位通過を決めてベスト8に勝ち上がった。同じく、当時はセカンド・ティアの扱いだったアルゼンチンも、開幕戦で開催国フランスを17対12と破り、さらに同組のアイルランドにも30対15と快勝してプールDを4戦全勝の1位で通過。準々決勝でもその勢いは衰えず、スコットランドを19対13と破って準決勝へと勝ち上がり、南アフリカには敗れたものの、3位決定戦でもフランスを破って3位という成績を残した。

　日本も、ファースト・ティアのチームには大敗したものの、セカンド・ティア同士の試合ではフィジー戦で7点差以内負けのボーナスポイントを1ポイント、カナダと引き分けて勝ち点2を獲得し、カナダを1ポイント上回ってプールB4位で大会を終えた。

　他にも、ジョージアがアイルランドに、敗れはしたものの10対14と食い下がり、前回142失点したナ

2007年W杯フランス大会で優勝した南アフリカ（2007年10月20日）©フォート・キシモト

ミビアも、アイルランドに17対32と健闘して進歩を見せた。

こうした結果を受けて、ＩＲＢは、大会終了後の11月30日に臨時理事会を開き、満場一致で11年Ｗ杯の参加国を従来通りの20とすることを決定した。

見方を変えれば、ラグビーのグローバル化を目指す動きが、伝統国同士でＷ杯を開催・運営しようという動きを封じ込めたと言えるかもしれない。Ｗ杯招致を目指す日本にとっては、満足のいく決定だった。

15年と19年の2大会をセットで？

「ノビー、19年Ｗ杯はおまえに渡す」

同じ07年、理事会終了後のディナーの最中に、ＩＲＢのミラー会長から別室に呼ばれた私は、いきなりそんな言葉をぶつけられた。私は驚きと戸惑いで返答に窮した。05年に11年Ｗ杯招致に僅差で敗れ、捲土重来を期してアジア協会選出理事という立場でＩＲＢ理事となったばかりの私には、次回の15年Ｗ杯を日本に招致することしか頭になかった。そこに、15年ではなく、その次の19年の開催を日本に渡すと、会長が自らほのめかしてきたのだ。後に判明した事情は、以下のようなものだった。

これまでのＷ杯は、南半球と北半球の伝統国で開催されてきた。第1回大会がニュージーランド・オーストラリアの共同開催で、第2回はファイブネーションズの共同開催。第3回が南アフリカ……といった具合だ。一見すれば、南半球と北半球の伝統国で交互に開催されているように思えるが、南半球の伝統国と、ヨーロッパの英国を中心としたファイブネーションズの間で開催が繰り返されてきた——というのが正確なところだ。だから、11年大会がニュージーランドで開催される以上、15年大会は当然ヨーロッパに戻って開催されることがほぼ確実というのが、ＩＲＢ上層部の暗黙の了解だった。

その15年W杯招致にイングランドが立候補している以上、日本に勝ち目はない。しかし、ヨーロッパ以外での開催が前提となる19年W杯なら、日本での開催も可能——というのが、ミラー会長の言わんとするところだった。

そんなＩＲＢの意向やこれまでのW杯開催地を考えれば、私も、15年W杯のイングランド開催はかなり有力だと思わざるを得なかった。15年W杯には、前回の招致で一次投票で敗退した南アフリカなど他の協会も立候補する予定でいると見られていたが、イングランドが手を挙げれば、どこもおそらく勝てないだろう。そうなると、ヨーロッパのファイブネーションズ以外での開催が暗黙の了解となっている19年W杯の開催地選びが、激しい招致合戦になると予想できた。

15年大会がイングランド開催でほぼ決まりという流れになれば、立候補を予定していた、同じヨーロッパでもまだW杯開催経験がなく、ファイブネーションズではないイタリアや、南アフリカが19年大会の招致に手を挙げるだろう。こういう組み合わせで投票となれば、私は南アフリカには勝てないと考えていた。なにしろ南アフリカには、１９９５年に大会を開催して成功させた実績があるし、代表チームのスプリングボクスも、95年W杯と07年W杯で優勝を遂げている。さらに、有力な協会ともテストマッチなどを通じて交流が盛んで、ＩＲＢ副会長の要職にあったオレゴン氏の太いパイプもあり、白人の理事たちに人気があった。しかも、10年にはサッカーW杯を開催することが決まっていて、こうした実績と、数多くの巨大スタジアムを持つ整備されたインフラを考えれば、南アフリカが19年大会の「本命」となってもおかしくなかった。

日本が、そんな南アフリカに対抗するためには、日本開催でなければ得られないメリットを強調する必要がある――と、私は肝に銘じた。そのメリットが、「アジア」と「グローバル化」だった。ラグビーのグローバル化を目指すＩＲＢと歩調を合わせるように、アジアで初のW杯を開催してラグビーをグローバルなスポーツへと押し上げる――そう主張することで対抗しようと考えたのである。

同時に、開催地を決める手続きを、これまでのように4年に一度、一つの大会ごとに決めるのではなく、15年大会と19年大会をセットにして審議し、一度に２大会の開催地を決めるように変更しようという動きがＩＲＢの内部にはあった。私は、この方式を強く支持することが、日本開催に有利に働くと考えて、当時日本協会選出のＩＲＢ理事だった河野一郎さんと連携してこの動きを推進した。

これは、簡単に説明すれば、通常なら15年大会の開催地を決める09年の時点で、19年大会の分まで立候補を受け付け、ＩＲＢの専門的な窓口でW杯の運営を行うＲＷＣＬが２大会分の入札文書を精査。さらに立候補地を視察し、現地調査を行って「推薦」という形で開催地候補をＩＲＢの理事会に答申。ＩＲＢが理事会で推薦案を検討して承認するかどうかを投票で決めるという方式だ。このＲＷＣＬの職員は各国選出の理事ではなく、よりニュートラルな形で構成されている。

もし、19年W杯の開催地を単独で決めることになれば、南アフリカは〝仲間うち〟の伝統国に築いた人脈をフルに活用してＩＲＢの理事を説得し、決選投票で勝つというシナリオを描いてくるだろう。そうなれば日本が勝つのは難しくなる。それよりも、ＩＲＢの理事会とメンバーが重複している部分があるとはいえ、実際にＷ杯の現場で運営を任されているＲＷＣＬの推薦を受ける形にした方が、日本には有利ではないかと考えられる。ＲＷＣＬは、ラグビーのグローバル化に対して前向きだからだ。

だから、翌08年は、「２大会開催地同時決定」案が、ＩＲＢの理事会で承認されるように全力投球することになった。少しおおげさな表現をすれば、ＩＲＢの理事を務めた07年から09年の３年間は、15年Ｗ杯の開催地決定と19年Ｗ杯の開催地決定をセットでやってくれるよう運動することに全身全霊をかけた——と言っても良かった。

ＩＲＢに支払うトーナメントフィーが２００億円超！

08年５月９日、ＩＲＢの理事会に、ＲＷＣＬが翌09年に、15年Ｗ杯と19年Ｗ杯の開催地を決める方式を提案し、審議が行われた。しかし、このときの理事会ではこの提案を採用するかどうか結論が出なかった。

同時に、ＲＷＣＬから、日本にとっても衝撃的な数字が突きつけられた。Ｗ杯を開催する国のラグビー協会（ホストユニオン）がＩＲＢに支払う「トーナメントフィー」について、15年大会が1億ポンド（当時の為替レートで約２２０億円）、19年大会が1億2千万ポンド（約２６４億円）を、それぞれ目標額とするという具体的な数字が示されたのだ。

それから2ヶ月後に香港で行われた特別理事会で、ＩＲＢは、５月に提案されたＲＷＣＬの案を受け入れる結論を下し、15年大会と19年大会の開催地を09年7月28日の理事会で決めることを決定。トーナメントフィーの目標額については、５月に提案された金額から20％減額して15年大会が８千万ポンド（約１７６億円）、19年大会が９千６００万ポンド（約２１１億円）という額で決着を見た。

開催地決定が、15年大会と19年大会を一括で決める方式となったことは日本にとって朗報だったが、このトーナメントフィーは、目標額の大きさが衝撃的だった。

ＩＲＢがなぜそんなに巨額の金銭を要求するのか、当時は私も理解に苦しんだ。しかし、後にＩＲＢの会計部門の理事になったときに、その理由がわかった。ＩＲＢは、４年に一度のＷ杯の収益で、次の４年間の財政のほとんどをまかなっているのだ。つまり、Ｗ杯は、ＩＲＢにとっての大きな財源であり、ここで収益を上げなければ、次の４年間の活動が滞るような構造になっていた。

ＩＲＢが、日本やトンガ、サモア、フィジーといったセカンド・ティアの国々を集めてパシフィックネーションズカップのような大会を企画・運営する原資も、もとはと言えばＷ杯の収益によってまかなわれたＩＲＢの財源から出ている。なかでも支出する金額が大きかったのは、選手を派遣する有力クラブに対する保証金だった。これは、ヨーロッパなどの有力クラブが、Ｗ杯に選手を送り出す際に各国協会に要求する保証金で、高額の年俸で契約した有力選手がＷ杯で負傷してクラブの試合に出られなくなるなどのリスクを担保するためのお金だった。

この保証金を支払うのは、ヨーロッパ各国の協会だが、金銭的な負担が大きく、どの協会もかなり財政的に追い込まれていた。ＩＲＢは、そんな協会を、財政的に支えていたのだ。

ＩＲＢが、ファースト・ティア、セカンド・ティアと加盟国を区分けして、それらの国々に分配金を支払うのも、そうしたクラブに対する保証の肩代わりといった側面もあり、ファースト・ティアに対する分配金が多いのは、そうした協会ほど傘下のクラブに支払う保証金が大きいという事情があったのである。

日本ラグビー協会は、08年9月1日にＷ杯招致事務局を設置し、立候補に向けた具体的な準備にとりかかった。15年Ｗ杯が、イングランド開催で決まりそうなのは織り込み済みだが、立候補にあたっては、15年大会と19年大会の２大会に立候補する形にした。そして、その月の30日に、２つの大会招致に立候補する意志を表明した。その日が、ＩＲＢから「15年Ｗ杯あるいは19年Ｗ杯の開催を希望する協会は、9月30日までに入札の意志を表明する必要がある」と伝えられた期限だった。

いよいよ招致を巡る戦いが本格的に始まったのである。ＩＲＢから示されたその後の予定は、翌09年5月8日が入札文書（テンダー・ドキュメント）の提出締め切りで、5日後の13日には、ダブリンのＩＲＢ本部の理事会で、立候補についてのプレゼンテーションを行うことになっている。

ＲＷＣＬは、そのプレゼンテーションを受けて、6月までに、現地調査を含めて入札内容を検証し、6月30日に各協会のテンダー・ドキュメントを分析した結果をＩＲＢ理事会で報告。ＲＷＣＬからの「推薦」という形で、15年大会と19年大会の開催国が示される。

そして、7月28日のＩＲＢ理事会で、ＲＷＣＬの推薦案が認められるか否かを審議して、二つの大会の開催地が決まる。スケジュールにはなにも問題はなかったが、巨額のトーナメントフィーは頭痛の種だった。12月にパリに出向いて、新しくＩＲＢ会長となったベルナール・ラパセ氏と会談した際には、トーナメントフィーについて、日本国政府の「財政保証」を要求された。しかし、政府による財政保証は実現が難しく、他国の動向を探っても財政保証を取り付けた国はなかった。一方、ＩＲＢも態度は強硬で、Ｗ杯後の４年間を支えるだけの財政的な保証を求めている。金額があまりにも大きいので、日本ラグビー協会が単独でどうこうできる話ではなく、この財政保証を巡っては、森会長と、当時経団連の会長で、後に19年Ｗ杯組織委員会会長となるキヤノンの御手洗冨士夫さんの力を借りて、なんとかするしかなかった。

私自身は、まず19年大会の日本開催を確実に決めて、それから財政保証の問題に取り組めばいいと考えていた。つまり、ＩＲＢに対して、財政保証については、なんとかして時間を稼ぐことも仕事になったのである。

運命の２００９年が動き出す

08年９月30日に、15年大会と19年大会の開催に立候補する顔ぶれが出そろった。15年大会には、ヨーロッパからイングランド、スコットランド、ウェールズ、アイルランド、イタリアの５協会と、南半球のオーストラリアと南アフリカ、そして日本の計８協会が立候補。そして、19年大会には、イングランドを除く７協会がそのまま立候補した。当初はロシアも19年大会に立候補の意志を表明していたが、09年２月に撤退を表明していた。この顔ぶれを見て、ＲＷＣＬがＩＲＢの理事会に提出する推薦案が、15年W杯はイングランドになるであろうと仮定すると、19年W杯招致で、現実的にライバルになりそうな協会は、やはり南アフリカ、イタリアではないかと考えられた。

スコットランド、ウェールズ、アイルランドの3協会は、アンチ・イングランドの気風が強く、15年大会のイングランド開催を阻止すべく立候補したような節が感じられたし、オーストラリアは03年に単独でW杯を開催しているのでそれほど本気で開催を狙っているとは思えなかったからだ。

そして、09年3月2日に、日本ラグビー協会で、初めて「W杯2015・2019日本招致に関して」という名目で、森会長、日本代表で活躍し、テストマッチの個人最多トライ記録を持つ大畑大介トップリーグ・キャプテン会議代表と一緒に記者会見を開き、私からはそれまでの立候補に至った経緯や、現在直面している課題などについて話した。そのなかで、IRBから求められている高額のトーナメントフィーの問題に触れて、それを「どうクリアしていくかが最大のキーポイント」だと説明した。もちろん、政府の財政保証が現実的には難しいことも説明したが、具体的にどのようにクリアするつもりでいるかについては明かさなかった。まだ不確定な要素が多いと同時に、他国に「そういう手があったのか」とヒントを与えるような事態を避けたかったからだ。

やはりこの3月には、中東のドバイでアジア・ラグビー協会の理事会が行われ、W杯の招致についてプレゼンテーションを行い、アジア協会からの公式な支援を得た。

4月7日には、今回のW杯招致について文部科学大臣から関係する各府省への協力要請が行われて閣議了承され、招致が政府の了解を取り付けた形になった。直後には、IRBのラパセ会長らRWCLの視察団が来日することになっていて、政府による財政保証は得られなかったものの、日本が国を挙げてW杯招致に取り組んでいることを印象づけられた。ＲＷＣＬの視察団は、当時の麻生太郎首相や御手洗冨士夫経団連会長らを表敬訪問して帰国した。

こうした慌ただしい日々の中で、ＩＲＢに提出する入札文書（テンダー・ドキュメント）が完成し、私たちはそのタイトルを「Tender for Asia（アジアのための招致）」として、この招致が日本だけではなく、アジアのラグビー界全体の総意であることを示した。

招致活動に協力して頂いた麻生太郎首相（当時／左）

そして5月8日に、ダブリンのＩＲＢに入札文書を提出し、13日には理事会でのプレゼンテーションに臨んだ。この時点で、15年大会と19年大会の両方に提出したのは、日本の他にイタリアと南アフリカで、イングランドは15年大会のみに向けたドキュメントを提出した。ほぼ予想通りの顔ぶれが残ったわけだ。

13日のプレゼンテーションでは４人が務め、森会長と私に加えて、日本招致チーフ・エグゼクティブ・アドバイザーを務めたフランスのクロード・アチェ氏、オールブラックスのレジェンドであり、当時日本代表のヘッドコーチを務めていたジョン・カーワンを起用。森会長は「政財界の強いバックアップを約束」。カーワンは期待に応えて、「20年後、ラグビーを真のグローバルスポーツにしたいのであれば、ラグビーは今こそ新しい地域への扉を開けるべきです」と、日本での開催を強く後押ししてくれた。アチェ氏は「日本の開催能力の高さ」をアピールした。

私は、自分のプレゼンテーションの中で、ラグビーのグローバル化はアジアの成長と役割が欠かせないということを強調した上で、「IRBの理事の皆さんの『次はノビーだ』という言葉を信じ、ここまでやってきました」とあいさつ。「15年W杯での日本代表のベスト8入り」を日本ラグビー協会が戦略目標としていること説明し、さらに国内でのトップリーグの充実と成長、6月に開催するU20（20歳以下）世界選手権の大会運営への自信を語り、成功を約束した。

後日談となるが、このとき私がプレゼンテーションでIRBに対して約束したことが、15年大会でのベスト8入り——実際は勝ち点差でベスト8進出を逃したが——まで含めて、ほとんど現実のものとなった。やはりW杯日本開催という大きな「夢」がさまざまな形で現場に浸透し、多くの人々がその成功に向けて努力を重ねるうちに、夢が現実となった——今から思えば、そんな感慨が湧いてくる。

しかし、このプレゼンテーションが終わった段階では、まだRWCLからの推薦を受けたわけではなく、とにかく無我夢中で私の夢を語ったのだった。

IRB主催のU20世界選手権

プレゼンテーションを終えて帰国すると、6月5日から21日まで、IRBが主催するU20（20歳以下）

世界選手権が日本で初めて開催されることになっていた。これは、ＩＲＢから日本は国際的な大会を開催したことがないと指摘されたのがきっかけで開催された大会と言ってもよく、平たく言えば、ＩＲＢが日本ラグビー協会の大会運営能力を見るためのテスト的な意味合いを持つ大会だった。

参加するのは、世界ランキング1位から15位のＵ20代表15チームと、下位カテゴリーのジュニアワールドトロフィー優勝国の16チームで、前回大会で15位だった日本代表も出場していた。ちなみにこのときのＵ20代表には、後に15年Ｗ杯で南アフリカを破ったチームの一員となる稲垣啓太（プロップ）と立川理道（スタンドオフ／センター）が選ばれていた。

試合会場は、東京都（秩父宮ラグビー場＝以下、スタジアム名は09年当時の表記）、愛知県（瑞穂ラグビー場）、大阪府（近鉄花園ラグビー場）、佐賀県（ベストアメニティスタジアム）、福岡県（レベルファイブスタジアム）の1都1府3県の5会場にまたがり、合計40試合が行われた。

大会の開催期間が、ＲＷＣＬの推薦案が示される直前ということもあり、この大会は、運営上の失敗が許されない大会だった。幸い、大会は順調に日程を消化し、日本はウルグアイを最終戦で破って、16チーム中15位。決勝戦では、ニュージーランド代表がイングランド代表に勝って2年連続2度目の優勝を遂げた。全体的に見て、大会は施設、治安、観客といずれも成功裏に幕を閉じたのだが、大会後のＩＲＢからの指摘は鋭く厳しかった。

「日本ラグビー協会はプロフェッショナルな組織ではない」と言われたのである。

当時の日本ラグビー協会は、まだ専任スタッフも少なく、アマチュアによるボランタリーベースで大会を運営したのは事実だった。私自身、「大会が無事に運営できればそれでいいではないか」と考えていたし、実際にこれまでのボランタリーベースでも、大会を運営する能力があることを示せたと思っていた。

しかし、ＩＲＢは、スタッフが土日の試合運営には全力を注いでいることを認めつつも、平日にそれぞれ別な仕事を持っていることを指して「プロフェッショナルではない」と言うのである。確かにこの大会では、平日も試合が行われるし、関連する業務も多岐にわたった。私は、その点でも、なんとか人をやりくりすれば運営できるのでは……と考えていたのだが、そういう考え方自体が、「仕事をマネジメントできていない」と言われてしまう。そう言われれば、その通りだとうなずかざるを得なかった。

つまり、24時間と言えば大げさだが、要するにフルタイムでラグビーの運営に携わる人間が非常に少ない――という指摘だったのである。その点は職員がフルタイムで働き、ラグビーのことに集中して仕事をする海外の協会との大きな差であった。

当時の日本協会は、組織としてはしっかりしていても、その中でフルタイムで働いて報酬を得ている人間は圧倒的に少なかった。私も、Ｗ杯のような大きな大会を開催しない限り、基本的には週末の試合運営がラグビー協会の通常の仕事となるし、平日にリリースを出したり、さまざまな業務もあるが、それほど多くのスタッフをフルタイムで抱える必要もないのでは……と考えていた。

もちろん、Ｗ杯の開催が決まれば、組織委員会が設立されて運営業務が行われる。その組織は当然フルタイムでラグビーのことを考え、働くスタッフが用意されて活動的な作業が行われることになる。そのような状況になれば、協会内の業務も多岐にわたり、仕事も増える。それからの対応を考えていたが、それでは遅いというのが、ＩＲＢの言い分なのである。政府による財政保証という難題とともに、日本ラグビー協会を、ボランタリーベースのパートタイムを中心に運営する体制から、フルタイムで働くプロフェッショナルな組織へと変えることも、Ｗ杯招致を通じてＩＲＢから突きつけられた〝宿題〟だった。

土壇場の交渉、19年Ｗ杯日本開催決定！

国内５都市で開催したＵ20世界選手権が終わると、いよいよ６月30日にＲＷＣＬからの推薦案が示され、７月28日のＩＲＢの理事会での最終決定を仰ぐことになる。２度目の挑戦で壁にぶつかりながらもぶれずに闘い、ラグビーのグローバル化を訴えてきた思いは本当に通じているのか。「ここまで来たら日本の開催能力を理解してもらえていると、とにかく信じるしかなかった」。一抹の不安も抱えながら迎えた当日、ＲＷＣＬは立候補した４協会（日本、イングランド、イタリア、南アフリカ）の開催計画の分析報告書をＩＲＢの理事会に提出。そのなかで、15年大会の開催地としてイングランドを、19年大会の開催地として日本を、それぞれ推薦することを明らかにした。日本の推薦理由は「アジアでの競技普及や新しいファン獲得を見込める」とし、Ｕ20の大会で観客総数が10万人を超えたことや運営能力の高さも評価してくれた。

ついに、さまざまな苦境を乗り越えて期待通りの結果を手に入れたのである。

しかし、これはまだあくまでも推薦を受けたという段階であり、開催が決定したわけではない。７月28日の理事会で、この推薦案が否決されてしまえば、ゴールを目前にして、また振り出しに戻って招致活動を続けることになる。19年開催も幻に終わってしまうのだ。

私は世界各国のＩＲＢ理事たちに連絡し、推薦案を了承してもらうべく最後の根回しをすることにした。

ここで驚いたのは、このとき「反イングランド色」の強い反応が返ってきたことだった。特に、スコットランド、ウェールズ、アイルランドの３協会は歴史的な背景もあり、前述したようにもともと反イングランドの感情が強い。中には15年大会のイングランド開催をつぶしたいがために、私に「19年大会の日本開催はいいが、推薦案には反対する」とまで言った有力理事もいた。日本に対して政府の財政保証が確約できないことに懸念を示す声も出ていた。

すぐさま混沌としている状況を払拭するためにロンドンへ飛び、ＩＲＢ理事でイングランド協会ＣＥＯのマーチン・トーマス氏に会いに行った。ゴールを目前にしながら、各国の強い拒否反応を目の当たりにして私は今まで経験したことのないような恐怖感に襲われていた。矢も楯もたまらず旧知のマーチン・トーマス理事を訪ねて前述の３協会との感情的なしこりから推薦案が否決されないよう、きちんと根回しをして説得してもらうために頼みこまねばと飛び出していったのだった。

「推薦案が通らなければ日本は負ける。日頃から付き合いがあるスコットランド、ウェールズ、アイルランドに何とか交渉してもらえないか」。重鎮のマーチン・トーマス氏はこちらの危機感に理解を示してくれるものの彼にもこの状況の打開策に妙案はなかった。

投票前のダブリンの空気は厳しく、南アフリカとイタリアの２国が手を組んで自分たちが外れてしまった推薦案に何とか反対しようと必死の抵抗活動をしていた。

そのような中、我々の盟友であるオーストラリア協会のジョン・オニールＩＲＢ理事と面談の機会を得て推薦案（15年イングランド開催、19年日本開催）についてもう一度状況分析をした。南アフリカも含めた南半球３カ国の歴史的な絆もあり、袂を分かつのは簡単ではない。ジョンは以前より賛意を示してくれていたが、厳しい状況であることには変わりなかった。ジョンからのアドバイスで南半球のまとめ役であるニュージーランドのスティーブ・チュー理事とダブリンで会い、彼に真正面から初のアジア開催、ラグビーのグローバル化について最後の思いをぶつけた。「あなたたちが反対したら、俺たちはボロ負けだ。推薦案に賛成してくれないと、もう日本開催の目はない。サポートしてもらえないと困るんだ」。祈るような思いだった。

スティーブ・チュー理事も反イングランド色が強く、なかなかウンとは言わない。我々はニュージーランドと「ラグビーアコード」を結んではいたが、南アフリカと関わりのある立場の人の投票行動は読めないのでチュー理事の賛成は不可欠だった。繰り返し日本開催のメリットについて話すものの、我々の懇願を聞き入れてくれるまでにはかなりの時間を要した。これでもかこれでもかと粘る我々の思いを黙って聞いていたチュー理事は、最後にやっとひと言「ジョンと話してみる」と言ってくれた。

これまで積み重ねてきた活動が水泡に帰すのか、成就するのか—。まさに土壇場で薄氷を踏むような、ぎりぎりの交渉だったのである。ラグビーのグローバル化という大義を、こうした感情的な軋轢でつぶされてはたまらないという気持ちだった。

そして運命の７月28日。ダブリンのＩＲＢ本部で行われた理事会で、ＷＲＣＬの推薦案は無事に可決された。

賛成16。反対10。

やはり反対派の感情的なしこりは根強く、満場一致とはならなかった。それでも、反対10票の大半が、19年W杯日本開催に反対しているわけではないことがわかっていたので、素直に日本開催が決まったことに喜びが湧いてきた。

当日は、アイルランドのIRB本部と、秩父宮ラグビー場内にある日本ラグビー協会の会議室がインターネットのストリーミングで結ばれており、私は、感謝や安堵、そして招致活動が実を結んだ達成感などさまざまな感情が渦巻く心を整理しながら、次のようにコメントをした。

(引用は日本ラグビーフットボール協会公式サイト『ラグビーワールドカップ2019、日本開催決定！』より＝一部表記を変更　https://www.rugby-japan.jp/news/4451)

「私たちが訴え続けてきたラグビーのグローバル化の必要性をご理解いただき、2019年のラグビーW杯開催地として日本を選んでくださったことを、心から嬉しく思っています。今回の結果は、ラグビーのオリンピック種目への復活にも大きなはずみとなると信じています。W杯という大きな目標に向かって、

2015年イングランド、2019年日本、W杯開催同時決定を受けて、イングランドラグビー協会CEOマーチン・トーマス氏（左）と（2009年7月28日）
© 日本ラグビーフットボール協会

日本のラグビーは、アジアの友人たちと共に、新たな高み、新しいステージへと、大きな一歩を踏み出すことになります。

まずはＩＲＢ及びＲＷＣＬと密接に協議しながら、より精度の高い大会計画を策定することを急務としたいと思います。そして、参加してくださる選手や観客の皆様など大会に関わるすべての人々に素晴らしい環境を提供できるよう努めていきたいと思います。また、将来有望な若い選手たちには、大きな目標ができたと思いますし、彼らの未来に今から期待しています。ご支援いただきました関係各位、ラグビーファンの皆様に心より感謝申し上げます。より一層の熱意と努力を持って、これからもラグビー発展のために寄与してまいります」

２００３年1月に、私が半ば独断で「W杯日本開催」を打ち上げてから6年以上の歳月が流れ、ようやくその「夢」が現実となった。「アジア」と「グローバリゼーション」という二つのキーワードのおかげで、一度は跳ね返されたラグビー伝統国の分厚い壁を、突破することができたのだ。あとはこの「夢」を確固たる現実の成果として実現しなければならない――そんな気持ちに私は浸っていた。

「おまえに10年やるから日本ラグビーを底上げしろ！」

そうやって私がしばしば感慨にふけっているときに、ＩＲＢのシド・ミラー前会長がつかつかと歩み寄ってきて、私にこんな言葉を投げつけた。

「おまえに10年やるから日本ラグビーを底上げしろ！」

それは、喜びと安堵に満たされていた私に現実を思い出させるだけの重みを持った一言だった。

確かに日本は19年W杯の開催を勝ち取った。しかし、RWCLから突きつけられた政府による財政保証という難題に対する答えを出せずにいる。そればかりか、つい1ヶ月前の6月には、IRBのスタッフから「組織運営がプロフェッショナルではない」と組織の脆弱さを指摘され、現実を悟らされた。W杯までの10年間に、フルタイムで大会運営に当たるプロフェッショナルな組織を作らなければならない。さらに、振り返れば日本代表のW杯における成績も、6回のW杯で20試合を戦い、1勝18敗1引き分けという、これまでの開催国に比べれば物足りないものだった。前会長は、そんな日本に対して、ラグビーでも開催国にふさわしい実力を身につけることをシビアに要求してきたのである。

私自身が、代表強化の現場に直接指示はしないまでもコーチスタッフには注文を付けて、どのような方策が考えられるのかは、とっさに答えを返せなかったが、それでもその言葉を胸に刻み込んだ。日本ラグビー全体の底上げを図ることを肝に銘じた。

6年越しの招致活動が実った先に待っていたのは難問が並んだ宿題の数々であった。

シド・ミラー IRB 前会長（右）と。左はベルナール・ラパセ IRB 会長。

第４章　日本大会成功までのアプローチ

W杯の日本招致活動を続けているときに、仲間うちでは、半ば自嘲気味に「取るも地獄、取らぬも地獄」といったことを話していた。開催権を取れば、国際ラグビーボード（ＩＲＢ）が要求する巨額のトーナメントトフィーをどう捻出するかに始まって、次から次へと立ち現れる難問に取り組まなければならない。かといって、開催権を取れなければ、「W杯を日本で開催します！」と打ち上げた手前、「なぜ取れなかったのか」「日本ラグビーの国際舞台での発言力はそんなものなのか」といった非難や批判を受け止めなければならない。いや、それよりもW杯招致で盛り上がりかけたラグビー界の熱気がしぼんでしまうことが懸念された。

どちらにしても大変な労力が求められる——といったことを冗談半分に言った言葉だが、私は、どうせ大変な目に遭うのならW杯日本開催という「夢」に向かって努力をしたいと願っていた。

そして、２００９年７月28日、ついに19年W杯の日本開催が決まった。

私は夢の実現に向かって走り出した。

セブンズ、オリンピック競技に決定！

この09年には嬉しいニュースがもう一つあった。セブンズ、つまり７人制ラグビーが、16年夏のリオデジャネイロ五輪で正式競技として採用されることが決定したのだ。

まず、８月13日にベルリンで開催された国際オリンピック委員会（ＩＯＣ）の理事会で、セブンズがリオデジャネイロ五輪の追加競技として、ゴルフとともに推薦された。そして、10月9日にデンマークのコペンハーゲンで行われたＩＯＣの総会で、正式に決定されたのである。

「世界のラグビー・コミュニティーにとって、歴史的な瞬間」と、ＩＲＢのベルナール・ラパセ会長はコメントを発表したが、ＩＲＢにとって長年の悲願だった「ラグビーを再びオリンピック競技に」が、現実となったのだ。それはまた、19年Ｗ杯日本開催決定とともに、ラグビーがグローバル化を力強く推進していることを世界にアピールする格好の機会でもあった。

2016年リオオリンピック、7人制ラグビー女子、日本対カナダ（2016年8月6日）©フォート・キシモト

１９００年のパリ五輪から、08年ロンドン五輪、20年アントワープ五輪、24年のパリ五輪と、過去に4度、15人制ラグビーの試合が五輪で行われたのは第3章で述べた通りだが、それから１００年近くもラグビーという競技名は、オリンピックから消えていた。

だからこそ、ＩＲＢは、ラグビーという名前をオリンピックの正式競技に戻したいと強く願っていた。同時にそれはまた、ラグビーが「世界３大スポーツ」の一つとして認められるためには必要不可欠なステップだった。「ラグビーのグローバル化」という概念が育まれたのも、もとを正せばＩＲＢのそうした願いがあったからだった。

日本がＷ杯招致に手を挙げたのは、まさにＩＲＢが悲願の実現を模索していたタイミングと重なっていた。

もし、グローバル化を果たしてオリンピック競技になるというＩＲＢの悲願がなければ、日本がＷ杯招致に名乗り出ただけでは、Ｗ杯開催までの道のりはもっと険しいものになっていただろう。グローバル化という追い風があったからこそ、19年Ｗ杯の日本開催が決まったとも考えられるのだ。

もちろん、アジアというキーワードを軸に、ラグビーのグローバル化を訴えて招致活動を行うことは、セブンズがオリンピック競技になる前から私たちが狙っていた〝攻めどころ〟でもあった。

だからこそ私も、07年にアジア・ラグビー協会選出のＩＲＢ理事となって以来、ラパセ会長やシド・ミラー前会長の命を受けてアジア各地を飛び回り、各国のオリンピック委員会やアジア・オリンピック評議会（ＯＣＡ）を訪問したり、ＩＯＣのプログラム委員である岡野俊一郎さんを誘って香港を訪れ、生の香港セブンズの空気を味わってもらったりといった活動を続けてきた。そうした尽力の成果が出たのである。

ブレディスローカップにＩＲＢ首脳が集結

一方、ＩＲＢは、19年Ｗ杯の日本開催が決定しても、あくまでも政府による財政保証を要求する姿勢を崩さなかった。さらに、ＩＲＢに支払うトーナメントフィーについて、非課税扱いとする要求も突きつけられた。いずれも日本ラグビー協会が単独で諾否を返答できる問題ではないし、政府をはじめ、スポンサーとなる民間企業や財界などとの打ち合わせが必要だった。

ＩＲＢが収益を確保するのに必死になる気持ちは、私自身がＩＲＢ財務委員会のメンバーを務めたのでその背景も含めて理解はできたが、一方で日本国内でクリアすべきハードルがたくさんあって、果たしてＩＲＢが求めるような早い時期に、彼らが満足するような回答をできるかどうかは、正直に言ってわからなかった。

10月31日には、Ｗ杯開催への準備の一環として、ニュージーランド代表オールブラックス対オーストラリア代表ワラビーズの定期戦「ブレディスローカップ」を、国立競技場で開催することになっていた。

この定期戦は、１９３２年から毎年行われている伝統の定期戦で、その年の対戦成績で勝ち越したチームに、ニュージーランドのブレディスロー総督が寄贈したカップが渡される。前年の08年には、両国を初めて離れて香港スタジアムで試合が行われ、09年はそれに続いての、アジアでの2回目の開催――というより、Ｗ杯のホスト協会になることが決まった日本ラグビー協会に、ビッグマッチのチケット販売、そして試合を運営する力があるかどうかをテストする意味合いを持った試合だった。

チケットの価格が、通常のテストマッチよりも高くなるＷ杯を見据えて最高で7万円と設定され、他の席も2万円、1万6千円、1万2千円といった価格だったにもかかわらず、会場の国立競技場には4万5千人近い観客が集まった。

ラパセ会長やマイク・ミラーＣＥＯといったＩＲＢの首脳や、Ｗ杯を主催・運営するラグビー・ワールドカップ・リミテッド（ＲＷＣＬ）の責任者であるキット・マコーネル氏といった重鎮たちも、国立競技場でこの試合を見守った。

翌日の11月1日、2日から、ＩＲＢ、ＲＷＣＬと日本ラグビー協会による19年Ｗ杯に向けた最初のミーティングが予定されていて、私も、森喜朗会長とともにミーティングに出席した。

これが19年W杯に向けた〝キックオフミーティング〟で、大会のプロモーションをどのように展開するか、レガシーをどう残して伝えていくかといったことなど、大会開催に関してのさまざまな課題についてRWCLと日本ラグビー協会との間で真剣な討議が行われた。大会が開催されるのは、この時点から見れば10年後なのだが、その10年間にやるべきことの多さを考えると、身が引き締まる思いだった。

とはいえ、財政保証に代わる財源をどう捻出するかについては、まだIRBに明確に返答できるところまで国内で話を詰め切れておらず、依然として懸案事項となっていた。

RWCLは、翌10年10月に、東京で日本協会との定例会議を行ったが、そこでも政府による財政保証をとるように強く要求された。

もちろん、私たちも、ズルズルと答えを引き延ばしていたわけではなかった。その年の11月4日には、東京の衆議院第一議員会館で超党派の『ラグビーワールドカップ2019日本大会成功議員連盟』が結成され、財政保証への道を探ることが可能になった。

さらに、水面下で進めていたW杯組織委員会の首脳陣の人選についてもようやく決着がつき、翌週の11月11日に、御手洗冨士夫会長以下、森喜朗副会長らトップ人事の発表にこぎ着けた。財界の重鎮である御手洗さんが組織委員会のトップに座ってくれたことで、国内の企業への根回しなど、さまざまな活動がスムーズになった。

同時に、組織委員会の事務局を開設して、以下のような仕事に取り組んだ。

・組織委員会の理事、評議員の人選
・一般財団法人から公益財団法人への道筋をつけること
・財政保証についての金融機関との交渉
・トーナメントフィーの非課税についての国税庁との調整

さらに、これから19年まで活動する組織として必要な定款を作り、事業計画や財政計画を策定することも同時に進めなければならない。また、ＲＷＣＬに宛てて、毎週報告を上げなければならず、業務は多岐にわたった。

しかし、こうした多忙な日々を送りながらも、19年まで時間があることから、まだW杯の世間的な認知度は低く、盛り上がりが本格化するのはもっと先のことだった。

「日本人はぎりぎりにならないと腰が上がらないからな……」

心の中でそんなことをつぶやきながら、私は「時」が来るのを待っていた。

二つの震災に揺れた２０１１年

翌11年は、ニュージーランドでW杯が開催される年だった。

しかし、２月22日にそのニュージーランドの南島で大きな地震があった。この地震で南島最大の都市クライストチャーチが大打撃を受けた。日本から語学研修で同市を訪れていた日本人の学生にも死者が出るなど日本でも大きく報道されたが、ラグビーに携わっている私たちも大きなショックを受けた。

この地震でＷ杯の試合会場に予定されていたスタジアム・クライストチャーチが被害を受け、急遽この会場で行われる予定となっていた、準々決勝２試合を含む試合が他会場での開催に変更され、結局クライストチャーチでは試合が行われないことになった。

日本とニュージーランドは、昔からラグビーを通じた交流が盛んで、同国出身の選手が多くトップリーグで活躍し、また何人もの日本人選手がラグビー留学でかの国を訪れている。しかも、９月のＷ杯開幕までもう７ヶ月を切った時点での地震だった。

折しも日本では、ラグビーシーズンがクライマックスを迎えたタイミングで、２月27日には第48回日本選手権決勝が三洋電機ワイルドナイツ（当時）とサントリーサンゴリアスの間で行われることになっていた。私たちは、24日にプレスリリースを出してお悔やみとお見舞いの気持ちを明らかにするとともに、決勝戦当日に会場の秩父宮ラグビー場で駐日ニュージーランド大使のイアン・ケネディさんに、日本協会からの義援金を手渡すことを発表した。同時に、会場内で募金活動をする旨も告知した。募金活動には、トップリーグの東京近郊のチー

2011年Ｗ杯ニュージーランド大会で優勝したニュージーランド（2011年10月23日）　© フォート・キシモト

ムの選手たちと、ジョン・カーワン日本代表ヘッドコーチ（当時）、ニュージーランドと縁の深い坂田好弘・大阪体育大学ラグビー部監督（当時）や、ラグビーワールドカップ２０１９日本大会成功議員連盟の議員のみなさんが協力してくれて、総額で３６０万円を超える金額が集まった。さらに、３月６日に名古屋の瑞穂公園ラグビー場で開催されたトップリーグのオールスターゲームでも募金が継続して行われた。

ところが——オールスターゲームから1週間もたたない３月11日に、今度は未曾有の巨大地震が日本を襲った。

東日本大震災である。この未曾有の大震災に、ラグビー界も立ち上がって、さまざまな活動で被災した人たちに援助の手をさしのべた。

それにしても、この年のW杯の開催地を巡って最終投票にもつれ込んだニュージーランドと日本で、1ヶ月も間をおかずに大きな震災が起こったことは、本当にどう考えればいいのかわからないくらい想定外の事態だった。

ニュージーランドは、クライストチャーチでの試合開催は断念したが、代替地を見つけて大会そのものについては開催継続の意志を表明。９月９日に無事に開幕を迎えた。

同月16日には、北島にあるハミルトンでオールブラックス対ジャパンの試合が行われた。当時のニュージーランドのジョン・キー首相と、日本協会の森会長が、ともに試合前に震災で被災された方々を見舞うスピーチを行って、亡くなった方に向けて黙祷が捧げられた。

私自身は、この年の5月いっぱいで定年退職となり日本協会の専務理事を降り、日本協会での役職は副会長だけになっていたが、それでもW杯組織委員会の理事だったこともあり、様々な思いが胸に渦巻いた。もし、日本が11年大会の開催国となっていれば、震災直後に開催を返上する「キャンセル」という重い決断を下さなければならないところだった――というのが、当時強く感じたことだった。

ニュージーランド大会は、その後もつつがなく進行し、10月23日に迎えた決勝戦では、オールブラックスがフランスに8対7と競り勝って、87年の第1回大会以来となる二度目の優勝を果たした。

当時ＩＲＢ役員として大会を視察した私は、国中が歓喜で湧き上がるニュージーランドの様子を見て、果たして8年後に日本でもこのような盛り上がりが起こるのか少し不安に思う気持ちが湧いた。しかし、だからこそ積極的に大会を告知し、成功させなければならないという思いを新たにした。

ジャパンも、前回大会で引き分けたカナダと最終戦で再び対戦し、23対23で2大会連続引き分けとなった。この試合は前半17対7で折り返し、試合終了直前にペナルティゴールを決められたが、成長の跡を感じた。選手たちには勝てなかった悔しさが残ったと聞いているが、私は、03年にスタートしたジャパンラグビートップリーグを通じて選手たちの力が上がり、それが2大会連続での引き分けに結びついたのではないかと考えていた。それまでの黒星続きのジャパンの戦績に比べれば、引き分けとはいえ、２大会連続で全敗という最悪の結果を免れることができたのだ。

この成果を次のW杯に結びつけて欲しいというのが、そのときの率直な気持ちだった。

組織委員会のスタート

東日本大震災の復旧・復興への歩みが少しずつ進み始める中で、19年W杯に向けた動きも着実に前進していった。組織委員会は、10年11月に日本経団連元会長の御手洗会長以下、元首相の森喜朗副会長ら首脳陣の顔ぶれが決まり、本格的に活動を開始する準備に着手した。元日本代表監督の平尾誠二さんら理事の全メンバーが決まっての正式発足は、12年5月となったが、長年にわたり、ＩＲＢから指摘されてきた「プロの集団」の運営組織がようやく確立したのである。

懸案だったW杯が赤字になった場合の政府の財政保証を巡っては、11年4月に日本スポーツ振興センターから36億円の助成金が得られることになり、この助成金を、ＩＲＢが求める政府による財政保証の一部にあてた。ＩＲＢが求めた９千８００万ポンド(約２１１億円)から見ると大きく足りないが、ＩＲＢはとりあえずこの金額をトーナメントフィーとして受け入れた。

2019 年 W 杯組織委員会発足記者発表。森喜朗副会長（左）
御手洗富士夫会長（中央）（2010 年 11 月 11 日）

早速、5月にはＩＲＢのラパセ会長とミラーＣＥＯ、キット・マコーネルＲＷＣＬ運営責任者の3名が準備状況を視察するという名目で来日。組織委員会の御手洗会長らと顔を合わせ、財政保証の問題も基本合意に達したと評価した。アジアでの初開催は大きな挑戦だったが、組織委員会で実務を取り仕切る事務総長に元総務省事務次官の嶋津昭氏が就任し、国を挙げたプロジェクトとして少しずつ着実に準備は加速していった。

特に重要な試合開催都市の選定については、13年10月31日にガイドラインを発表し、翌14年の10月14日から31日までに、開催を希望する自治体が開催希望申請書を提出するというスケジュールが発表された。実際に開催都市として立候補するか否かはともかく、W杯というイベントに興味を持つ自治体は22を数え、それらの自治体がこのスケジュールに沿って意志を決定していくのだ。

そうして申請書を提出した開催希望都市を、14年12月から翌15年1月までの間に、ＲＷＣＬとW杯組織委員会が共同で視察。そこから選定に入り、3月にＲＷＣＬによる開催都市の決定と、組織委員会からの正式発表が行われることになっていた。

14年10月31日の段階で試合開催都市に名乗りを上げたのは、以下の14自治体だった（都道府県名の後に都市名が続く場合は共同開催を表す）。

札幌市

岩手県・釜石市

仙台市

埼玉県・熊谷市
東京都
静岡県
愛知県・豊田市
京都市
大阪府・東大阪市
神戸市
福岡市
長崎県
熊本県・熊本市
大分県

さらに、申請書の提出期限を過ぎた12月15日には、02年のＦＩＦＡワールドカップ日韓大会の決勝会場となった横浜国際総合競技場（日産スタジアム）を持つ横浜市が、神奈川県と共同で開催希望申請書を提出。これで試合開催に立候補した自治体は、合計で15となった。この15の自治体を、15年1月にかけてＲＷＣＬと組織委員会が共同で視察して、最終的な開催都市を決定することになる。

組織委員会としては、なるべく会場の数を多くして、日本中をラグビーの興奮に巻き込みたいと考えていて、その点でＲＷＣＬと調整が続いたが、最終的には組織委員会の希望に沿って12会場という形で決定がなされ、3月2日の夜に、以下の会場が発表された。立候補した15自治体のうち仙台市、京都市、長崎県は外れた。

札幌ドーム　札幌市
釜石鵜住居復興スタジアム　岩手県釜石市
熊谷ラグビー場　埼玉県熊谷市
新国立競技場（後に東京スタジアムに変更）　東京都
日産スタジアム　横浜市
静岡スタジアム　静岡県袋井市
豊田スタジアム　愛知県豊田市
花園ラグビー場　大阪府東大阪市
ノエビアスタジアム神戸　神戸市
レベルファイブスタジアム　福岡市
うまかな・よかなスタジアム　熊本市
大分銀行ドーム　大分市

注目を集めたのは、東日本大震災で深刻な津波被害を被った岩手県釜石市が、開催都市へと立候補し、試合会場に選ばれたことだった。

釜石市は、かつて新日鉄釜石ラグビー部が日本選手権7連覇を達成し

釜石鵜住居復興スタジアム © フォート・キシモト

たことで、「ラグビーの街」として全国的に知られていた。しかし、震災からの復興はまだ始まったばかりで、市民の間には、W杯よりも震災からの復興を優先すべしという意見もあった。さらに、立候補して開催都市に選ばれたとしても、スタジアムをゼロから作らなければならず、また津波被害を受けた三陸鉄道の復旧など、スタジアムへのアクセスも整備が必要だった。簡単には解決できない課題があったのである。

しかし、そんな厳しい状況にもかかわらず、釜石市は立候補を決断した。その結果、W杯日本大会の大きなテーマであった、震災からの復興を世界に発信することが、さらに大きくクローズアップされた。

明日の生活にも不安を抱えている過酷な状況にもかかわらず、開催都市への立候補を決断していただいた釜石市の関係者や市民のみなさんには、本当に頭が下がる思いだった。

W杯の認知度を高めた「ブライトンの奇跡」

15年９月19日（日本時間20日未明）。「19年ラグビーW杯日本開催」の認知度を一気に急上昇させる「奇跡」が起こった。前日の18日に、ロンドン西郊のトゥイッケナム・スタジアムで開幕した８回目となるW杯の初戦で、日本代表が、優勝候補の一角に挙げられていた南アフリカ代表スプリングボクスを、終了間際の劇的な逆転トライで34対32と破ったのである。

試合が行われたイングランドのリゾート都市ブライトンの名前を冠して「ブライトンの奇跡」と呼ばれたこの勝利は、英国のタイムズやガーディアンといった高級紙でも「世紀の大金星」と報じられ、日本だ

2015年W杯イングランド大会。強豪南アフリカを破った日本チーム。© フォート・キシモト

試合終了直前に逆転トライを決めたカーン・ヘスケス
© 共同通信社

けではなく世界中で大きな反響を呼んだ。

私は、このとき日本ラグビー協会の顧問という肩書きであり、すでに協会の仕事を離れていた。だから、これまでのように協会役員席から試合を見るのではなく、仲間と共に一般席から純粋なラグビーの一ファンとしてこの試合を楽しんだ。

つまり、ファンと同じ目線で見た最初の試合が、この「奇跡」だったのである。だから、余計に記憶が鮮烈に残っている。

日本のラグビー関係者の多くは、強豪の南アフリカに勝つことがどれほど難しいかわかっているので、事前にこの勝利を予見した人間はほとんどいなかった。

なにしろ日本と南アフリカのW杯での成績を比べれば、日本開催が決定した09年時点で、日本は通算で1勝18敗1分け。当然、プールステージを突破したことは一度もない。これに対して南アフリカは、スプリングボクスが、同じ09年時点で優勝２回（95年、07年）の実績を持ち、優勝できなかった大会でも99年はベスト４、03年はベスト８と、輝かしい戦績を残している。

状況は11年の前回大会が終わっても変わらず、日本が３敗１分けを加えただけであるのに対して、南アフリカはこの大会でもプールステージを突破してベスト８に勝ち残っていた。

だから、私自身「まさか本当に勝つとは！」というのが正直な気持ちだった。

スタジアムにいた英国や南アフリカのファンも、やはり同じような気持ちでいたらしく、試合前は「日本、頑張れよ」みたいな感じで余裕を持っていた。しかし、試合が日本の劇的な勝利に終わると、落胆した南アフリカのサポーターを除いて、すべてのファンが興奮を隠さなかった。そこそこ善戦するだろうという程度に考えていた日本が、優勝候補の一角である南アフリカ代表を破った「世紀の大金星」を目撃して、表情が劇的に変化したのである。

面白かったのは、私がよく知っている在日南アフリカ大使館の、南アフリカ人スタッフと日本人スタッフの豹変ぶりだった。２人は、試合中はスプリングボクスのジャージーを着て胸を張って構えていたのに、日本が勝った瞬間に、日本のジャージーにさっと着替えた。そのあまりの変わり身の早さに、大笑いしたことを覚えている。

会場の興奮ぶりは、日本が南アフリカを猛追した試合終盤からものすごかった。現地のファンを中心に、日本の健闘に心を動かされて「ジャパン、ジャパン」と叫んでいた人たちが、いつの間にか日本人サポーターが連呼している「ニッポン、ニッポン」の声につられて、同じように日本語で「ニッポン、ニッポン」

と叫んでいる。そのくらいの興奮ぶりだ。私が座った席からは、南アフリカが反則を犯して日本が最後のペナルティキックを得たときに、ヘッドコーチのエディー・ジョーンズが32対32と引き分けるために「ペナルティゴールを狙え！」と叫んでいる様子が見えた。結果は、ご存知のようにキャプテンのリーチ・マイケルが、自らの意志で逆転勝利を狙ってスクラムを選択し、右に展開してあと一歩で阻まれると、今度は速いテンポのパス回しで反対へ大きく振ってWTBカーン・ヘスケスが左隅に飛び込んで劇的な逆転トライ。優勝候補からW杯24年ぶりの勝利を挙げ、あの大金星「ブライトンの奇跡」が生まれたのだが、そのときにはもう総立ちの会場が興奮のるつぼと化していて、自分の声さえ聞き取れなかった。

そして、日本のカーン・ヘスケスが逆転トライを挙げた瞬間の爆発的な歓声と、その後の狂乱ぶりは一生忘れられないだろう。

W杯における1つの勝利が、これほどまでに日本ラグビーに対する世界の見方を変えるのか——と改めて痛感した。ラグビーにおいて、いかに結果がモノを言うかという、格好の例だった。

試合が終わってホテルに戻る道すがら、多くの人たちに「コングラチュレーションズ！（おめでとう）」と喜びの言葉の嵐に見舞われた。タクシーを待つ観客で長蛇の列ができていて、私は1時間以上タクシー乗り場の列に並んだが、その1時間がまったく長いとは感じなかった。結局、ホテルに帰り着いたのは夜中の2時だったが、それも気にならなかった。スポーツで母国が勝つと、何も気にならなくなるという典型的な例だ。

同じような興奮は、19年のW杯日本大会でも経験した。日本がアイルランド代表をエコパスタジアムで

19対12と破った「静岡の奇跡」を目撃したときだ。帰りの新幹線の中でも、海外から来たサポーターを中心に、「ニッポン、ニッポン」と叫んで大騒ぎを繰り広げていた。

私は他の競技については詳しく知らないが、1つの勝利が、日本のサポーターだけではなく、現地のファンや対戦相手のサポーターの心まで動かすというのが、ラグビーの素晴らしいところだと思う。

そして、日本協会の役職を離れて、ファンのみなさんが日本の勝利の感激を、こういう経験をしながら味わっていることを知ったことは、私にとっても非常に貴重な経験だった。

今は、またこういう興奮をW杯の会場で数年のうちに味わいたいと熱望している。

91年のW杯で、日本代表がジンバブエ代表を52対8と破ったときに現場にいなかった私にとって、「ブライトンの奇跡」は、初めて生で見た日本代表のW杯での勝利だった。

まさに長年の夢が現実になった瞬間だった。この勝利が私にとって格別に思い出深いのは、試合結果もさることながら、南アフリカが日本とともにW杯開催を巡って争ったライバルだったことも関係している。

南アフリカは、05年の11年W杯招致の際に一次投票でニュージーランドと日本に敗れている。15年W杯、19年W杯と2大会の開催地が決まった09年の投票でも、またもや日本に敗れてW杯開催を逃している。

W杯の舞台で日本を圧倒的に上回る実績を残しながら、二度も日本にW杯開催の夢を絶たれた南アフリカ協会は、当然19年大会の日本開催を快くは思っていないし、南アフリカに同調するように、伝統国の中にも日本にW杯を開催するだけの実力があるのかを疑うような風潮があった。政府保証を取り付けていなかったことに対する反発も少なからずあった。

そうした空気が根強く残る中で、日本が伝統の南アフリカ代表「スプリングボクス」を破ったのである。

そういう意味でも、これは衝撃的な勝利だった。

帰国後に、この勝利で、日本では早朝に駅で号外が配られたと聞いた。

私は天皇皇后両陛下をお招きした和歌山国体の役員懇親会に帰国した足で出席し、陛下にラグビーW杯のことを報告すると、にこやかな笑顔で「南アフリカに勝ってよかったですね」というお言葉をいただいた。大変光栄なことで、感無量の思いで胸がいっぱいだった。

海外での反響の大きさに驚いたテレビ局では、それまでラグビーにはほとんど関心を示さなかったワイドショーまでが連日ラグビーの話題を取り上げるようになり、一躍ジャパンが国民に知られるようになったとも言われている。

実際、この試合で9本中7本のキックを成功させ、トライも記録した五郎丸歩は一躍ヒーローとなり、プレースキックを蹴る前の独特のルーティンが〝五郎丸ポーズ〟として子どもたちに大流行となった。私事で恐縮だが、この試合の後に、私の孫が4人、ラグビースクールに入ったのも驚きだった。

日本は、1987年の第1回大会から欠かさずW杯に連続出場

“五郎丸ポーズ”を取る五郎丸歩選手。（2015年9月W杯イングランド大会）© フォート・キシモト

を続けていたが、これほど大きな話題になったことは一度もなかった。ラグビーＷ杯という存在が、初めて日本の国民に認知されたのである。

もう一つ、ブライトンの奇跡は、自分自身が立ち上げに関わったジャパンラグビートップリーグの成長がもたらしたものだ、というひそかな自負もあった。トップリーグの成果は03年大会以降、強豪国にも勝てそうな試合ができるようになっただけでなく、07年フランス大会、11年ニュージーランド大会で、カナダ代表と２大会連続で引き分けたところから見て取れる――と、私は考えていた。トップリーグを立ち上げてから４年で、日本代表は95年南アフリカ大会から続いたＷ杯での連敗を13で止めたのだ。11年大会でも最終戦でカナダと引き分けて、連敗の流れを止めている。

特に07年Ｗ杯では、７点差を追う終盤にＴＭＯ（テレビジョンマッチオフィシャル）の審議による中断があり、ヘッドコーチのジョン・カーワンが、グラウンドに下りるために私のすぐ横を通った際に、ひそかに「負けてごめん」と合図を送ってきたくらい敗色が濃厚だった。

だからこそ、日本代表チームの団長だった私は、「よく追いついてくれた」と心を動かされた。

そして、15年大会初戦の南アフリカ代表を34対32と破った大金星である。

トップリーグ立ち上げのときに掲げた「強い代表選手を育成する」という大目標が、見事に実を結んだのだ。トップリーグは、03年のスタートから15年Ｗ杯時点で12年が経過していたが、各チームに世界各国のトッププレーヤーが在籍するようになり、日本で生まれ育った選手たちと日常的に切磋琢磨を繰り返していた。その結果、日々の練習や試合を通じて世界トップクラスの選手たちとのコンタクトにも慣れ、W杯で対戦する相手に臆することなく立ち向かえるようになった。このシナジー効果によるリーグとしてのレベルアップが、日本ラグビーのレベルを上げてくれたのだ。

日本が金星を挙げた南アフリカに、当時サントリーサンゴリアスに所属していたスカルク・バーガーとフーリー・デュプレア、パナソニックワイルドナイツに所属していたJP・ピーターセンがメンバーとして名を連ねていたのが、その証となるだろう。

同時に、海外から日本にやってきてトップリーグでプレーを続け、母国の代表になるのではなく、日本代表になることを選んだ選手たちもたくさんいた。終盤の苦しい時間帯に、「歴史作るの、誰？」と日本語でチームメートを鼓舞し続けたトンプソン・ルーク（ニュージーランド出身＝当時近鉄ライナーズに所属）は、その格好の例だ。

さらに、世界レベルで優秀と言われるコーチたちも続々と来日し、各チームで選手を鍛え上げた。

このW杯で日本代表を率いたエディー・ジョーンズも、サントリーの監督を辞めて日本のヘッドコーチとなった人物だ。

日本人の選手たちは、こうして一流選手たちとレギュラーシーズンで対戦を重ねて実力を伸ばし、世界的な名コーチの指導で能力を開花させた。まさに、トップリーグを立ち上げるときに思い描いた「世界とつながりのあるリーグ」という理念が、見事に花を咲かせたのである。

ラグビーを知らなかったり、あまり興味がなかった日本の人たちも、この勝利でラグビーにもW杯という世界大会があることを認識した。

19年の日本大会に向けて、一気にムードを高めてくれたのが、ブライトンの奇跡だった。

このブライトンの奇跡に関して、今でも個人的に何よりも嬉しく思っているのは、南アフリカ戦で活躍した大野均が、なにかのインタビューで「19年に日本でW杯を開催するためにも、南アフリカに勝たなければならなかった」と言ってくれたことだった。15年W杯に出場した選手たちは、19年に日本でのW杯開催を成功させるためにも、この大会で確固とした成績を残す必要があることを理解していたのだろう。選手たちがそういう意識を持って15年大会を戦っていたことがなによりも嬉しかった。奇跡を呼ぶために、エディー・ジョーンズコーチが合宿において日本代表のプライドをも無視して厳しい練習を要求したことは有名な話。それに応えた選手に敬意を表したい。チーム内でエディーとの橋渡し役となった広瀬俊朗主将の功績も大きかった。

実際、09年に、19年W杯の開催権を争った南アフリカを、ラグビーの上でも破ったのである。

今、振り返ってみても、15年W杯の南アフリカ戦勝利のインパクトは、さまざまな面で19年大会の成功を支えてくれたように思う。19年大会のチケットの売れ行きが好調だったのも、あの試合

2015年W杯イングランド大会で日本のHCを務めたエディー・ジョーンズ © フォート・キシモト

の衝撃が世界中のラグビーファンの記憶に残っていたからだろう。

これで、19年大会の開催が決定した日にIRBのシド・ミラー前会長から突きつけられた「日本ラグビーの実力を底上げしろ」という約束を果たしたことになる。

日本は、名実ともにW杯を開催する資格を獲得したのである。

最終的に日本代表は、南アフリカ戦から中3日という厳しい日程で行われたスコットランド戦こそ10対45と敗れたが、続くサモア戦、アメリカ戦と勝利を収めて、史上初めてW杯で3勝1敗という成績を残した。

これで、日本が属したプールBは、日本と南アフリカ、スコットランドが3勝1敗で並んだが、4トライ以上挙げたチームや7点差以内で敗れたチームに与えられるボーナスポイントの差で、日本は惜しくも3位となった。W杯史上初めて3勝しながらベスト8に進めないという珍事が起こってしまったのだ。それでも次回大会への出場権が無条件で与えられる3位という成績を残したことは高く評価されていい。

もともと日本は開催国（ホスト）として出場が確定していたが、たとえホストではなくとも出場できるだけの成績を残したことで、胸を張って19年大会を迎えられることになったのである。

組織委アドバイザーとして奔走

このブライトンの奇跡で日本中が湧いた15年には、私は、W杯組織委員会の理事ではあったが、もう日本ラグビー協会の仕事からは、顧問という形で少し離れていた。

それでも、W杯イングランド大会での日本代表の活躍が、19年W杯に向けて、非常に強い追い風となったことは、十分過ぎるくらいに感じ取ることができた。

一方で、少し疑問に思うような空気が日本ラグビー協会や関東・関西・九州の3地域協会、各都道県協会の中には漂っていた。

W杯関連の仕事は、組織委員会がイニシアチブを持って進めているので、肝心のラグビー協会側には、どこか「蚊帳の外」みたいな空気があったのだ。

組織委員会は、大会運営のための仕事は知っているが、ラグビーの試合開催のノウハウについて詳しく現場を分かる人が数少ない。しかも、スタッフの多くはW杯のために集められて時限的に働いている。一方、各都道府県のラグビー協会には、その地域で行われる試合の運営を長く取り仕切ってきた実績とプライドがある。だから当然、W杯の試合も自分たちが運営するものだと思っていた。

ところが、いざW杯の開催が迫ってくると、各都道県協会が組織委員会に自分たちが果たせる役割があるかを問い合わせても、「グラウンドの中の仕事はありません。やることと言えば、場外で駐車場の整理の仕事くらい」と言われるような状態で、ラグビー協会としてのメンツは丸つぶれだった。

W杯の運営は、本来は、組織委員会と開催地の自治体、そして各都道府県のラグビー協会が三位一体となって行われるべきものだ。それが、開催が迫るに連れて、組織委員会の力ばかり大きくなり、ラグビー協会が果たす役割がどんどん小さくなっていく。

それはおかしいのではないか——というのが、私が感じた疑問だった。まさに説明不足、コミュニケーション不足の典型的なパターンであった。

18年初頭。そんな私に組織委員会のエグゼクティブアドバイザーという役割が与えられ、それから2年近くにわたり、各方面との調整役として奔走した。

実際問題として、日本ラグビー協会から組織委員会に出向した人もいるにはいたが、彼らには3地域協会やその傘下の都道府県協会との結びつきが薄かった。だから、地方協会との〝つなぎ役〟を果たす人間がいなかったのだ。

早速、各協会に足を運んで話を聞くと、地域協会や開催都市の都道府県協会の人間から「オレたちはなにもやらなくていいと組織委員会から言われている」とか、「グラウンドの中には入らず、外でお手伝いしてくれればいいからと言われている」といった、不満が出てきた。しかし、そうした不満を聞きながら、私は「何かがおかしい」という違和感を抱いていた。

折しも、18年7月には全国のラグビー協会の理事長が集まる第4回の理事長会議が行われた。

その席に呼ばれてスピーチを求められた私は、次のような話をした。

「ラグビー界を活性化するためにW杯を招致したのに、なぜ、各ラグビー協会がもっと主体的に大会運営に関わろうとしないのか。組織委員会から関わらなくていいと言われても、〝オレたちにはこういうことができる〟と自ら提案して、積極的に関わっていけばいいじゃないか」

それが私の偽らざる気持ちだった。

出席者の反応は意外なものだった。各協会の理事長たちが、「そんなことを言われたのは初めてだ」と言うのだ。

私は「え？」と絶句した。では、なんのために過去3回の理事長会議があったのか。そして、そこで何が話し合われたのか。

つまり、それまでは、誰もそうしたことを指摘したり教えたりしていなかったのである。

私がこのとき言いたかったのは、１９６３年に暗殺されたアメリカのジョン・F・ケネディ元大統領の「国が君に何をするか期待するのではなく、君が国に何をできるかを考えろ（Ask not what your country can do for you; ask what you can do for your country）」という、有名なスピーチに相通じるようなことだった。つまり、受け身でW杯の開催を待つのではなく、W杯を成功させるために自分が何をできるか考えようと強調したのだ。

日本のラグビー界が、W杯を通じてこの国のラグビーに対するエネルギーをどう醸成し、それを世界にどう発信していくのか。一つひとつの施策が、そのための試金石となっていくのだから、積極的に取り組まないでどうするのか。日本ラグビーのパワーを全世界に見せるためにも、大会を大成功で終わらせなければならないのに、受け身の態度のままでいいのか——。

それが、私が訴えたことだった。

こうした問題が生じた背景には、本来は三位一体であるべき組織委員会—自治体—開催地協会の関係が、きちんと築けていないことがあった。そもそも地域協会やその傘下の支部協会は、組織委員会からまったく相手にされていなかった。各地域協会に対して、W杯はこうして開催・運営すると説明した人間は、日本協会にも組織委員会にもいなかった。

私は、そういうことを知れば知るほど心底驚いた。W杯招致に手を挙げたのは、こういう事態を招くためではない——という、強い危機感に駆られたのである。

組織委員会は、自分たちと自治体が協力すれば試合を開催できると考えていたし、また、それが可能なだけの力を持っていた。だから、各ラグビー協会の力を必要としなかった。

一方で蚊帳の外に置かれた各協会は、プライドを傷つけられて受け身なままでいた。いや、受け身だったのは日本協会も同様で、地域協会の人間が日本協会に電話して、「W杯の試合を開催するために、今、どのような仕事が行われているのですか」と問い合わせたところ、日本協会の人間が「私たちも知りません」と答えたという、笑えない笑い話のようなエピソードまであった。

日本ラグビー協会がイニシアチブをとってW杯を招致したのに、なぜ、その大会に積極的に関わろうとしないのか。それでは、W杯を日本で開催する根本的な意義が見失われることになる。

関われる部分だけでもいいから、「オレたちにはこういうことができる」と提案すべきじゃないか——そうじゃなければ、W杯自体が、こうした大会を運営するプロフェッショナルな業者の大会になってしまうぞ——というのが、そのときの私の問題意識だった。

この時期、私がもっとも我慢できなかったのは、ラグビー界がもっと働かなくてはならないはずのW杯であるにもかかわらず、それぞれの協会が積極的に関わろうとしない姿勢だった。確かに組織委員会側にも説明不足な部分があったことは事実だが、それに対して疑問の声も挙げず、不満を溜め込むばかりでは、なんのために協会という組織があるのか。自らこういうことができるとプレゼンテーションをして、組織委員会に積極的に入り込むような動きをして初めて、W杯の開催をレガシーとして残せるのではないか。「グラウンドの中の仕事はない」と組織委員会に言われて唯々諾々と従うのでは、ラグビー協会としてのメンツは丸つぶれだ。「それはおかしいのではないか」と声を上げ、自分たちにはさまざまなことをやり遂げる能力があると、なぜ積極的に提案しないのか。

そして、この問題はW杯に限った話ではない、ということも私は強調した。

各地方の協会と自治体が一緒に力を出し合って大会を成功させれば、そのとき担当した自治体の人たちが、後に異動でスポーツを担当する部署から離れても、一緒に働いた経験が絆として残る。それこそが尊く、レガシーとなるのではないか――というのが、私が言いたいことだった。

そうしたレガシーを残してこそ、日本でW杯を開催する意味があったと、後に振り返ってもらえるのだ。レガシーというのは、単なる物理的な建物ではなく、そうやって一緒に持てる力を出し合って何かを成し遂げた記憶の中にこそ残るものだと、私は今も考えている。

つまり、組織委員会と、開催都市の行政職員、その地方のラグビー協会の人間が三位一体となって働き、絆を結ぶことで、W杯終了後も、ラグビーの試合開催を地域の活性化につなげられるのではないか――と働きかけ続けた。これが、私のエグゼクティブアドバイザーとしての仕事であった。

そして、そう強く意見した手前、私も現場に出向いて具体的な相談に乗った。現実的な問題としては、試合でのボールパーソンの手配や、レフェリーのアテンドといった仕事もある。特にレフェリーのアテンドにおいては、神経質になりがちな心理面を理解できる経験者が必要になる。そういう部分を各ラグビー協会が任せて欲しいと言って請け負えば、W杯組織委員会から業務を委託された業者よりもはるかに良い運営ができるだろう。

そうしたことを通じて自治体と組織委員会、開催地協会が三位一体となって物事を進めなければ、レガシーなんか残るものではない、というくらいの強い危機感を私は持っていた。

実際、チケットをどう売るのか。観客をどう動員するのか。学童を動員するのかなど、問題は多岐にわたっていた。しかも、試合がほとんどナイターなので、学童の動員はなかなか難しく、そういうところでは教育委員会との折衝も必要だった。あるいは、自治体からすれば、たとえ試合会場に近くても、他の都道府県からの動員には管轄があって動くのが難しいという問題もあった。それならば、普段から試合開催を通じて近隣のラグビー協会と協力関係を築いている開催地のラグビー協会の方が、融通が利くのではないか、といった発想の転換も必要だった。

そうした細部の部分、しかし、試合開催のためには大切で必要な問題の解決にこそ、開催都市のラグビー協会が力を発揮するべきだと私は考えていた。アドバイザーの在任期間に、私は12の開催都市をすべて回って、そうした問題について地域協会の関係者と一緒に解決を図るようにした。

自治体との話し合いにも、必ずラグビー協会の担当者を連れて行った。そうやって人を動かさないと地域協会や日本協会が、組織委員会に対して前向きな実情に合った提案、協力ができないと考えたからだ。その結果、19年W杯開催の経験値が地域協会にも積み上がったと確信している。

開催も間近になった頃に、組織委員会にトヨタ自動車や豊田自動織機シャトルズで監督を務めた田村誠さんが日本協会から入ってきて、初めてキャンプ地の住民を試合会場に動員するためにはどうすればいいのかという問題が明らかになった。この問題を解決するのは、それこそ各ラグビー協会の出番だろうと、私は思った。各チームのキャンプ地となっている場所は、ラグビーの合宿等を通じてそれぞれのラグビー協会と交流がある。お互いにまったく無関係というわけではない。そうした人間たちを有機的に結びつけて人脈を作り、目の前の問題を解決することで人間関係を深めていく。それこそが、W杯を成功させるために、それぞれの協会がやるべき仕事であり、ひいてはW杯のレガシーとして後々まで残る財産になるべきものだった。

W杯のチケットをまとめて購入するための組織作りも、各都道府県協会のネットワークを活用できる仕事だった。たとえば、まだ開催が目前に迫っておらず、静岡県でチケットがあまり売れなかったときには、観客を静岡に動員するためにどういう方策が考えられるかといった、アイディアを出し合ったこともあった。静岡ならば、東海道を通じて東京や横浜とは鉄道や高速道路を通じて便も良く、そうした地理的な横のつながりでチケットがさばけそうなものだが、私は、そこに地理的にタテの線も加えたらどうかと提案した。つまり、山梨県や長野県からも動員を図るのだ。このタテの線は交通の便が悪いのがネックだが、私は山梨県協会に足を運んで、元日本代表の名ウイングで山梨県ラグビー協会の会長を務めていた有賀健さんと会った。さらに長野県や岐阜県にも足を伸ばして、チケットをまとめて購入する方法や、動員の組織をどう作るか、さらには何人以上集めればバスを手配できるかといったことまで話し合った。

当然、組織委員会のメンバーとも、行動をともにしたわけだが、そういう地道な動きを通じて、組織委員会と自治体、そして開催都市のラグビー協会の三位一体の関係が最終的には築かれて、12の試合会場すべてで滞りなく試合が行われた。それぞれのポジションで実力が発揮されたのである。

W杯は、私が招致を言い出して始まったイベントだ。その考えに、多くのラグビー関係者が賛同してくれて、大会が日本で開催されるところまではこぎ着けた。そして、さあ、これから大会を成功させるためにどうするか――という盛り上がりをラグビー界が作ってこそ、W杯を招致した甲斐があるというものだ。

普段からラグビーに携わっている人間が、機運の醸成もせずにそっぽを向いていたら、そもそも一般の人が大会を見に来るわけがないだろう――というのも、当時私が何度も繰り返した言葉だった。

ＩＲＢからの情報も、実際のところＩＲＢは何を考えていて、W杯についてどんなスタンスでいるのかということも、日本の地方協会まではまったく届いていなかった。地方協会にすれば、知る権利を持っているのに、そうした情報を知らせてもらえなかったということになる。

結局のところ、情報を知らされなかった地方協会が、それ故に全体像をつかめず、消極的な態度でいた――というのが、私が見た大会前の状況だった。

開幕までの時期は、こうしたフラストレーションを感じたり、精神的に落ち着かない気分になったりするようなことばかりではなかった。

大会のアンバサダーとなった伊藤剛臣をはじめ、日本代表のＯＢたちが精力的に全国を回ってＷ杯をアピールしてくれたことも嬉しかった。

時代の追い風もあった。まだ新型コロナウイルスのパンデミックが起こる前で、政府のインバウンド政策によって日本を訪れる海外からの観光客が年々増加していた。

19年大会のチケットの売れ行きが好調だった背景には、「ブライトンの奇跡」のインパクトとともに、日本のことを、ヨーロッパからもっとも遠い「FAR EAST」つまり極東と呼んでいた外国人たちが、日本という国に興味を持って、Ｗ杯を観戦に来てくれたことも大きかった。

そして、日本開催のＷ杯が始まった！

２０１９年9月20日。プロローグで述べたように、ついにラグビーＷ杯日本大会が開幕した。

日本代表は、17年5月10日に京都で行われた抽選の結果、当時の世界ランキングで4位のアイルランド、5位のスコットランド、そして、ヨーロッパ予選を通過したロシア、ヨーロッパ予選2位チームとのプレーオフを勝ち上がったサモアと同組のプールＡに入ることになっていた。

これは願ってもない組み合わせだった。優勝候補と目されるニュージーランドやイングランド、オーストラリア、南アフリカといった強豪や、潜在能力の高いフランス、アルゼンチンと戦わずに済むのだ。目標に掲げた「ベスト8」が十分に狙えると私は思っていた。

だから、プロローグに書いたように、私が東京スタジアムで、W杯の日本招致を打ち上げた03年1月からこの日までのさまざまな出来事を思い返し、感慨にふけっているときも、開幕戦の日本対ロシア代表戦の勝敗に関してはあまり心配をしていなかった。

ロシアは、ヨーロッパ地区1位としてこの大会に参加していたが、実はロシアよりも好成績を収めていたルーマニア、スペイン、ベルギーがヨーロッパ地区予選の過程で代表資格のない選手を起用したために勝ち点が取り消され、繰り上がっての1位だった。

当然、会場に詰めかけたファンも、私も、日本がトライを積み重ねてボーナスポイントつきの勝利を挙げるものだと思い込んでいた。

ところが——。開催国の代表チームとして登場した日本は、大会全体のオープニングゲームという大一番に臨んだこともあってか動きが硬く、いきなりロシアに先制トライを奪われて7点を追う展開となった。

それでも、松島幸太朗が3トライを挙げる活躍を見せて30対10と勝利を収め、4トライのボーナスポイントも獲得して、なんとか初戦を乗り切った。

京都で開催された2019年W杯日本大会の組分け抽選会（2017年5月10日）©共同通信社

これで緊張が解けたのか、28日には世界ランク１位で来日したアイルランドを接戦の末に19対12と破り、10月５日のサモア戦も38対19と勝ち切って、３戦全勝で最終戦のスコットランドとの対決に臨むことになった。

台風19号の影響

この時点まで、大会は順調に進んでいた。懸念されていたチケットの売れ行きもほとんど完売と順調で、大きな事故もなく、日本中がW杯の熱気に巻き込まれていた。特に、格上のアイルランドから史上初めての勝利を挙げたことで「にわかファン」を自称する人たちが一気に増え、もはやラグビーは愛好者だけに好まれるスポーツではなくなっていた。

毎朝のワイドショーでもトップで取り上げられ、日本でW杯を開催した効果が、狙い通りに出ていたのだ。

しかし、そんな大会に危機が迫っていた。６日に発生した台風19号が、日本列島にどんどん接近してきたのだ。組織委員会では、台風情報を気にしながら、試合開催をどうするのか厳しい判断を迫られていた。

2019 年 W 杯日本大会開幕戦、日本対ロシア（東京スタジアム /2019 年 9 月 20 日）© フォート・キシモト

すでにどの試合会場もチケットがほぼ売り切れ、試合を開催すれば満員に近い状態となることは予想できた。しかし、台風が接近すれば、公共交通機関も止まり、一番大切な観客のみなさんの安全を守ることが難しくなる。もちろん、いくらラグビーがどんな天候でも行われるスポーツだからといって、台風の中で試合をするのでは選手やレフェリー、運営スタッフに危険が及ぶことも考えられた。

台風の進路を見極めながら、組織委員会は10日、豊田スタジアムで12日に予定されていたニュージーランド対イタリア戦と、やはり12日に日産スタジアムで予定されていたイングランド対フランス戦を、中止する決断を下した。台風は、12日夜に静岡県の伊豆半島に上陸。進路を東北に向けているため、組織委員会は、釜石市の鵜住居復興スタジアムで13日に行われる予定のナミビア対カナダ戦が中止となる可能性を示し、試合当日の13日早朝に中止にすると発表した。

この13日には、プールAの日本対スコットランド戦が日産スタジアムで、プールCのアメリカ対トンガ戦が東大阪市花園ラグビー場で、プールDのウェールズ対ウルグアイ戦が熊本スタジアムで、それぞれ予定されていて、この3試合については当日の様子を見て開催か中止かを決めることにした。

そして、まず台風の影響が比較的少なかった花園ラグビー場でのアメリカ対トンガ戦と、熊本スタジアムでのウェールズ対ウルグアイ戦の実施を決定。さらにスタジアム周辺の安全確認やピッチの状況などを見ながら、日本対スコットランド戦も実施を決定した。

結局、この台風で中止となったのは、前述の3試合だけだった。しかし、W杯での試合中止は史上初めてのこと。規定に従って試合を0対0の引き分け扱いとして、対戦する予定だった両チームに勝ち点が2

ポイントずつ与えられることになったが、各プールの順位が決定するプールステージ最終週だったために、中止の判断について各チームからさまざまな意見が出た。もちろん、中止の判断基準も、引き分け扱いにすることも、すべてW杯の大会規定に書かれており、この措置で間違いはなかったが、チームが置かれた状況によって、つい〝本音〟がこぼれることもあったのだ。

たとえば、プールBのニュージーランドはこの時点で首位に立っていて、中止となっても順位が変わらないので冷静だったが、イタリアには、ニュージーランドに勝てばベスト8に進出する可能性が残っていて、監督とキャプテンが「試合をやりたい」と、思いをメディアにぶちまけた。

プールCのフランスも、イングランド戦が中止となったことで首位に立つ可能性がなくなって、自動的に2位が確定した。

もっとも強硬に、日程を延期してでも、会場を移してでも試合をやりたいと主張したのは、日本と対戦することになっていたスコットランドだった。スコットランドは、初戦でアイルランドに3対27と敗れていて、この時点で勝ち点は10。一方、アイルランドは、12日に台風の影響が少なかった福岡でサモアを破り、3勝1敗でプールステージを終えていて、勝ち点16で暫定的にプールAの首位に立っていた。ロシア戦から3連勝と好調だった日本も、この時点での勝ち点は14で、スコットランド戦が中止となって引き分け扱いになれば、自動的にベスト8進出が決まることになっていた。

つまり、スコットランドにとって、試合が中止となることは大会からの敗退を意味していた。だから、法的措置も辞さないといった強い言葉で組織委員会をけん制したのだ。

一方で、大会の行方に注目していたファンの心を温めるようなエピソードもあった。

釜石市での試合が中止となったカナダ代表は、そのまま釜石にとどまって豪雨の被害を受けた住宅の後片付けをボランティアで行い、ナミビア代表も、滞在していた宮古市で地元ファンとの交流会を開いた。

こうした選手たちのふるまいも、ラグビーの価値を高めてくれたのである。さらに大会後のワールドラグビー表彰式で、釜石市がラグビー界に顕著な貢献をした個人、団体に贈られる「キャラクター(品格)賞」を受賞したことは心底喜ばしいことでもあった。

13日19時45分。日産スタジアムでは、日本対スコットランドの試合が、無事にキックオフを迎えた。

試合は、立ち上がりに気迫満点のアタックでトライを奪ったスコットランドを、日本が冷静に反撃して3トライを奪い、21対7と逆転してハーフタイムを迎えた。そして、終盤のスコットランドの猛反撃を振り切って28対21と勝利を挙げ、史上初のプールステージ通過を、4戦全勝の首位という最高の形で成し遂げた。

台風被害にあった釜石市内で清掃活動を行うカナダ代表（2019年10月）© 共同通信社

この試合を中継した日本テレビの平均視聴率は39・2%。ノーサイドの笛が鳴って勝利が決まった決定的瞬間の視聴率は、実に53・7%を記録した。ラグビーの中継としてはもちろん、この日までに放送されたこの年の全番組の中での最高記録となった。

台風19号の直撃という事態に大きく揺れたプールステージの最終週だったが、この勝利で再びラグビーW杯は、国民的な関心事となった。

私が、W杯の日本開催を打ち上げたときに夢見た光景が、今は目の前に現実となって現れていた。

「過去最高」と評価された日本開催のW杯

これで日本は、20日に東京スタジアムで行われる準々決勝で、プールBを通過した南アフリカと対戦することになった。この試合は、プールステージ通過に全精力を注いだ日本にとって初めての準々決勝ということもあって、決勝戦まで見据えて戦ってきた南アフリカにノートライに抑え込まれ、3対26と敗れた。

2019年W杯日本大会、対スコットランド戦後の日本チーム（日産スタジアム/2019年10月13日）©フォート・キシモト

それでも、日本の健闘は多くの国民の胸を打ち、チームで掲げた「ONE TEAM」という言葉が、

2019年W杯日本大会準々決勝、日本対南アフリカ、リーチ・マイケルの突進（東京スタジアム/2019年10月20日）
© フォート・キシモト

この年の流行語大賞を受賞するほどのブームを巻き起こした。ラグビーの面白さ、そしてさまざまな出身の選手たちが日本を代表して世界と戦う姿が、感動を呼んだのである。日本の活躍は、日本国内のみならず、英国をはじめ海外でも大きく報じられ、日本ラグビーの存在感を世界に示すことができた。

開幕前に懸念されたプールステージのチケットも、発売した99％が売れて各会場は内外のファンで埋め尽くされた。台風19号で中止となった3試合のチケットを払い戻しても支障が出ないほどの盛況だったのである。

11月2日。決勝戦が行われた日産スタジアムでは、優勝した南アフリカのキャプテン、シア・コリシが高々とウェブ・エリス杯を掲げ、9月20日から始まった熱闘の日々に終止符を打った。

私にとっては、03年1月にW杯の日本招致を言い出してからの、長い長い日々のフィナーレだった。

11年大会の開催に立候補してから当時のＩＲＢに出向き、懸命にラグビーのグローバル化と日本開催のメリットを訴えたにもかかわらず、ほとんど無関心な態度で耳を貸してもらえなかった屈辱もあった。7

人制ラグビー（セブンズ）をオリンピック競技にすべくアジア各国のオリンピック委員会を訪ね歩いた日々もあった。アジア協会から選出された理事としてＩＲＢの理事会に出席して以来、重鎮たちの態度が変わり、ときに彼らとグラスを傾け、カラオケに興じた日々もあった。あるいは、積極的に動こうとしない国内のラグビー協会に業を煮やして、ハッパをかけて回った日々も懐かしく思い出される。

Ｗ杯開催に手を挙げて、さまざまな圧力に押しつぶされそうになりながらも、ついに大会を成功裏に終わらせることができた。私の胸に去来したのは、「本当にＷ杯を開催して良かった」という感慨だった。

後日、元イングランド代表主将で、ワールドラグビーの現会長であるビル・ボーモント氏から「日本大会は、過去最高の大会だった」というメッセージが届いた。私はその言葉を喜びとともに噛みしめた。同じく前会長だったシド・ミラー氏は、この大会には姿を見せなかったが、彼もまたアイルランドの自宅で成功を喜んでくれたことだろう。私には、彼から言われた「10年間を渡すから日本ラグビーの底上げを図れ」という一言が、今も耳の底に残っている。

2019年Ｗ杯日本大会で優勝した南アフリカ（日産スタジアム/2019年11月2日）©フォート・キシモト

そして、それをみんなで成し遂げたことが嬉しかった。

大会は、中止の3試合を除いて、45試合で計170万4443人で、1試合辺りにならすと3万7877人の動員を記録した。こうした実績が評価されて、23年5月11日には、ワールドラグビーが、日本ラグビーフットボール協会を、かつてのティア1と同等の、つまり最上位カテゴリーの「ハイパフォーマンス・ユニオン」と認定した。これによって、ワールドラグビーの理事会で日本が持つ票が、従来の2票から3票へと増え、また強豪国とのテストマッチによる交流も容易になった。

19年W杯日本大会の成功と日本代表が残した成果が評価されて、世界のラグビー界における存在感が大きくなって発言力も増したのである。数多くの人たちの協力があって大願成就をなし得た思いだ。

一方で、それはまたリーダー国の一員としての責任が大きくなったことを意味している。今までとは違う立場になったことをしっかりと自覚して、ハイパフォーマンス・ユニオンの名に恥じぬ活動をしてもらいたい――と、私は願っている。

数十年前の、日本が国際試合でほとんど勝てなかった時代を知っている私からすれば、こういう願い自体が、それこそ夢のまた夢みたいな話だ。しかし、現在の日本代表に選ばれている若いメンバーたちは、高い志を持って勝つことにこだわっている。ファンもまた、我らが代表に勝利を期待するのが当たり前のようになってきた。時代は確実に変わったのだ。

その上で付け加えれば、さらに高い自覚を持ち、日本ラグビーの実力をより豊かに伸ばしてもらいたい。それが「昔」を知る私の願いである。

第5章　私を育んだ
ラグビーというスポーツ

２０１９年W杯日本大会が成功裏に終わり、20年1月12日に開幕したジャパンラグビートップリーグには、ブームに乗って空前の観客が押し寄せた。

しかし、好事魔が多し。新型コロナウイルスのパンデミックの影響を受けて、3月14日の第9節から試合が中止に追い込まれ、そのままリーグ戦を途中で打ち切る事態となった。

今にして思えば、パンデミックの半年前に大会を開催できたことは本当に幸運だった。もし、開催が19年ではなく20年だったら、W杯は間違いなく中止に追い込まれていただろう。

日本のラグビー界には、15年W杯での「ブライトンの奇跡」をきっかけにラグビーが大いに盛り上がったときに、運営上の問題からそれをトップリーグの盛り上がりへと上手く結びつけられなかった過去がある。そして、19年大会の直後には、新型コロナウイルスの影響で盛り上がりかけたシーズンが途中で中止になった。パンデミックは予測不可能な事態だが、日本のラグビー界が、W杯での盛り上がりを上手く国内の盛り上がりに結びつけられなかったこともまた、事実として記憶されなければならない。

それでも現在は、21―22年度から「ジャパンラグビーリーグワン」という呼称で新しいフォーマットに衣替えをして、再び観客動員を増やしつつある。

海外から多くのトッププレーヤーが来日し、リーグワンでプレーするようになったのも19年W杯の効果だろう。現在では、南アフリカ代表ＳＨファフ・デクラークが横浜キヤノンイーグルスに在籍して活躍。23―24年度からは東京サントリーサンゴリアスに世界最高峰のＷＴＢで南アフリカのW杯連覇に貢献したチェスリン・コルビが加入し、東芝ブレイブルーパス東京にオールブラックスのＳＯリッチー・モウンガが、トヨタヴェルブリッツには、ＳＨアーロン・スミスとＳＯ／ＦＢボーデン・バレットというオールブラックスの主力選手が入団することも発表され、スターが集結している。

現役バリバリのトッププレーヤーが国内リーグで世界最高のプレーを見せ、それに対抗すべく日本人選手も懸命に努力する。そのせめぎ合いが選手たちの実力を伸ばし、さらには観客を魅了する構図ができあがりつつあるのだ。日本のラグビー界に、Ｗ杯がもたらした大きな財産だろう。

財政的にも、日本ラグビー協会には68億円の剰余金が残った。この使途は明確で、まずＷ杯で試合を開催した12都市を「ラグビーのフランチャイズ」とするために、レガシープログラムとして投資することにした。これは、たとえばリーグワンの試合を、これらの都市で年間に数試合開催する際に資金面で補助することを企図している。Ｗ杯が終了した後も、将来にわたってラグビーを応援してもらうためだ。

さらに、新しいスタジアムを建設するための資金の一部に充当するなど、未来への投資にも使われることになる。

新型コロナウイルスの影響で、それまで続いた好循環の歯車が狂い、少し出はなをくじかれた感はあったが、20年以上前にＷ杯の日本開催を打ち上げたときに意図した、Ｗ杯によってラグビーの活性化を図るという大目的は達成されつつある。Ｗ杯という大きな仕事を成し遂げて良かったと、心から思える日がきたのだ。これからは、若い世代がレガシーを引き継ぎ、さらに未来へと日本ラグビーの存在感を大きなものにしてくれるだろう。

すでに水面下では、日本での２度目のＷ杯開催を目指す動きも進みつつある。私もまた、そのためには労を惜しまず貢献したい気持ちでいる。

我が心の原点と東京大空襲

私自身は、群馬県立高崎高校でラグビーに出会ってから、ここまでラグビー一筋の人生を歩んできた。その日々を振り返ると、私の中にくっきりと焼きつけられた原風景とでも言うべきものが思い浮かぶ。

高校1年生のとき、私は1954年（昭和29年）に北海道で行われた第9回国民体育大会（国体）に、補欠メンバーとして参加させてもらった。これは試合に出るためというよりも、それまで一生懸命練習を続けたことへのご褒美的なもので、私自身、「試合に出ろ」と言われたらどんなパフォーマンスをすれば良いのかわからず、チームの役に立つ自信がなかった。この大会で高崎高校は、尾北高校という愛知県の高校と引き分けて、抽選ならぬじゃんけんで負けて残念ながら先に進めなかったが、おかげで、北海道を見聞する機会を与えられた。

そのとき、私は生まれて初めてどこまでも続く地平線を見た。私が育った群馬県には、赤城山や榛名山、そして妙義山の上毛三山があって、遠くに浅間山が見える。簡単に言えば、東京方面に向けては視界が開けているが、それ以外は山に囲まれている土地だ。そういう風土で赤城おろしに吹きさらされながら育った私にとって、山の稜線も見えず、大平原が無限に広がる景色は衝撃そのものだった。

日本にこんな広いところがあったのか！　そんな驚きだった。

そして、ひそかにこう決意した。世の中にこんなにも大きな世界があるのならば、自分もそういう世界で大きく羽ばたいてみたい――外の世界に出てみたい――そう思ったのである。

まさに、人生観が変わった瞬間だった。

地平線を見て感動したときに抱いた「大きな世界で羽ばたきたい」という思いが、今に至るまで私を突き動かしてきた原点なのである。

私は１９３８年（昭和13年）12月６日に、東京都千代田区の神田和泉町で生まれた。西側を昭和通りに、東側を清洲橋通りに挟まれた町で、西に少し歩けば秋葉原駅がある場所だ。

バイオリンを弾くモダンな一面もあった父は日本通運に勤めていたが、戦渦が広がった１９４５年３月10日、忘れもしない東京大空襲で一家は壮絶な経験を余儀なくされた。

高崎高校時代。北海道国体の時、アイヌ服で記念撮影（左端 /1954 年）

あの夜はまさに火の海、地獄絵図だった。真っ暗な空はサーチライトに照らされ、爆音を響かせて飛ぶB29の機影を見たのは鮮明に記憶にある。「離れちゃ駄目」と両親が叫んだ声が耳に残る。焼夷弾が落とされて近所一帯が火に包まれ、当時6歳だった私は父に手を引かれて燃えている家を逃げ出し、きょうだいと一緒に総武線のガード下でぬれた布団にくるまって一夜を過ごした。どうしてぬれた布団が手に入ったのかまったく記憶にないが、そのなかでうずくまってじっとしていた。今考えても、この布団がなければ、私も黒焦げの焼死体になっていたかもしれなかった。周りはもう地獄絵で、私も、翌日は熱風でまつげが焼けて目を開けられなかった。母になめてもらって、やっと目が開いたようなありさまだった。

それでも、家族は無事で、母親が日頃行き慣れていたお店の焼け跡から燃えて炭素化した砂糖を拾ってきてなめさせてくれ、それでなんとか飢えをしのいだ。今でもあの甘苦い味が忘れられない。周りは焼け野原と化していた。

焼け出されて家もなくなり、食べるものもなにもない。これではもう東京に暮らすこともままならず、着の身着のまま、超満員の列車で父の実家がある群馬県の高崎に逃れた。

以来、そこで私たち家族は生活の基盤を築き、私は高崎で育った。

高崎の倉賀野小学校に入学したものの、当然、近所に知った人はいない。東京から疎開してきた子どもというだけで、地元で育った同級生や上級生に目をつけられる。周囲が長ズボンなのに私は半ズボンにサスペンダー姿で、群馬の方言である「だんべえ調」の言葉も使えないからだ。仲間はずれにされたり、都会っ子という目で見られてさまざまなプレッシャーをかけられる。そんな日々の中で、いじめになんか負けてたまるか、いつか見返してやるという気持ちが芽生えた。

これも、今に至るまで自分を支えてきた思いの一つだ。

こうした経験から負けん気の強さが目覚め、自分を守るためにはさまざまなことを頑張るしかなかったのだ。特に、私は身体を動かすことが好きだったので、プロ野球選手になる夢を育みながら育った。できるスポーツといえば三角ベースの野球しかない時代だった。ボールはぼろ切れを巻いた石ころ、バットは木の棒を使って狭い空き地で遊んだものだ。

そうやって周りの子どもたちと交わるうちに、チームを作ったり、自然とリーダーシップを発揮できるようになった。何事も先頭を切ってやるようになったのだ。もちろん、その背景には、常に負けてなるものか、という気持ちがあった。

私は、７人の兄弟姉妹の５番目。下には妹と弟がいたが、兄弟げんかをしているヒマはなかった。また、両親から、自分のことは自分でやれ、自分で物事をよく考えて判断しろと言われたおかげで、上の兄や姉を頼りにするのではなく、なんでも自分でやるという習慣がついた。自立心のようなものが早くから芽生えていたのだ。だから、兄弟で遊ぶよりも、同年代の友だちと遊ぶことが多く、どちらかというと、上の世代の人たちと一緒になることも多かった。

地域の野球大会で優勝（前列左から６人目）

走ることも好きで、小学校4年、5年のときは、担任の上村一夫先生が学校から少し離れた町内に住んでいて、毎日先生の家まで、先生の昼食を受け取りに走っていた。そんなことをやっているうちに、おそらく身体が強くなっていったのだろう。とにかくよく遊んだ。

当時は、町内会がいくつかの地区に分かれていて、その町内対抗の野球大会が催された。私は、その中で仲間を作り、ピッチャーを務めて町内大会で優勝したりもした。その裏で周りの大人たちやお兄さんたちが熱心に面倒を見てくれ、今でも感謝している。プロ野球選手への憧れがあったので、倉賀野中学校では野球部に入ってピッチャーやショートをやっていた。だから、高崎高校に入学したときも、当然野球部に入るつもりでいた。しかし、中学校時代の野球部の先輩たちは、さまざまな運動部に入っていた。

そして、彼らに、強引に連れて行かれたのがラグビー部の部室で、ラグビーの「ラ」の字も知らないうちに入部させられたのが、私のラグビーとの出会いだった。

今思えば、このとき先輩たちに連れ去られていなければ、今の自分はなかっただろう。私の人生の道程は、この先輩たちとの出会いと強引な拘束によって始まったのである。

倉賀野中学時代に家族と（前列左）

文武両道とプラスワン精神

ラグビー部の第一印象は最悪だった。部室はくさいし、練習は厳しいし、痛いし……ですぐに嫌になった。しかし、続けるうちに同学年の仲間ができた。といっても、人数は５、６人だったが、この仲間の存在が私には大きかった。当時は下級生にボール磨きや部室の掃除、練習着の洗濯などの雑用が回ってくるのが当たり前の世の中だ。だから、いくら練習が厳しくても、残った仲間たちの負担が増えると考えれば、部をやめる気持ちにはさらさらならなかった。何よりも、仲間を裏切るようなことをするのが嫌だった。

ラグビーそのものも、最初は嫌で仕方がなかったが、だんだん自ら進んでトレーニングをするうちに抵抗がなくなり、身体が強くなると同時に、チームの役に立ちたいという強い気持ちが芽生えてきた。

前にも述べた1年生の秋の北海道国体。今思えば、この国体後に起こった事件が転機となった。ある日、練習に３年生が誰一人として出てこなかったのだ。不思議に思ううちに、３年生部員の喫煙が発覚して全員が退部となり、ラグビー部に残ったのは1年生と2年生だけとなったことが判明した。時期は、全国大会の群馬県予選が始まる前だ。しかも、残った部員が11人しかいないためチームを編成できず、その年は全国大会の予選を棄権することになった。

試合に臨むのは翌年になって15人以上メンバーが揃ってからになるが、私たちは、２年生の矢島進二さんというキャプテンのもと、翌年4月に新入生が入ってくるのを漫然と待つのではなく、その間に、徹底的に身体を鍛えることを決意した。

トレーニングは厳しかった。高崎観音の500段くらいある石段をひたすら走り、だるま市で有名な少林山達磨寺まで、5キロの砂袋を腰に巻いて山道を走った。ウエイトトレーニングは、器具などないから腕立て伏せや腹筋などをし、さらに回転ブリッジをして首を強化するなど、さまざまなメニューを自分たちで工夫して、身体を鍛えた。とにかくむちゃくちゃ厳しいトレーニングに打ち込んだのだ。

ラグビーの練習でも、たとえばランニングパスを10本走っても調子が悪ければ自分たちでもう1本走ろうというように、自主的に取り組んだ。人から言われて練習をやらされるのではなく、自分たちから率先して厳しいことに取り組み、チームを強くしたいとみんなで頑張っていた。そういう意識が強かったのだ。

当然、お腹も減った。本当に、常にお腹が空いていたのだ。だから、ご飯もよく食べた。ラグビーの練習が終わって家に帰るまでの間に、郷土の名物「焼きまんじゅう」を食べ、それからまた夕食を食べて、あとはころりと寝るような生活だった。そうやって、みんなで身体を大きくしようとしていたのだ。

あの頃は、とにかく家では風呂に入って寝るだけでの毎日で、1年生のときは疲れて家で教科書すら開く余裕がなかった。本当に、ラグビーに没頭して疲労困憊だったのだ。

一度、試験で赤点を取って母親が学校に呼び出され、その後で「ラグビーをやめなさい!」と言われたこともあった。母親に恥をかかせてしまったので、それから少しは勉強をするようになったが、心の中では「絶対にやめないぞ!」と思っていたし、やめなかった。

その甲斐あってか、年が明けて3月になる頃には、体重が８キロ増えていた。

その間に、どの運動部にも所属してない同学年の生徒に声をかけて勧誘し、私たち1年の学年は11人になった。新しく入った仲間も、最初は厳しいトレーニングに音を上げていたが、やがてなんとかついてこられるようになった。熱血指導でいつも選手よりも早くグランドに立って我々を待ちかまえていた岡田由重先生には頭の下がる思いを選手全員が感じていた。厳しい指導の裏には温かい愛情をいつも持っていた。

このとき、みんなで誓い合ったのが「プラスワンの精神」だった。つまり、今日、練習を10やったら明日は11までやろう。そして、次の日は12までやろう——と、どんどん負荷を増していくのだ。もともと部員が多いラグビー部ではなかったが、少数精鋭そのままに、ひとりが１・５人分の働きをしようという精神だった。

このプラスワンの精神を徹底したことが、本当に大きかった。私たちは、2年生になると群馬県内では春のリーグ戦で敵なしで、先輩たちの築いてきた記録を更新して１００を超える連勝記録を作った。

当時私のポジションはセンターで、ステップとパスワークが得意だった。反面、タックルはあまり好きではなかったが、それでも仲間のためを思うと不思議にタックルに入れた。

当時のラグビーは、相手にぶつかりに行く現在のラグビーとは違って、極力ぶつからないことが良しとされていた。コンタクトは、ステップでもパスでもキックでも相手の防御を崩せないときの〝最後の手段〟だった。だから、常に相手防御の隙間を抜いてゴールラインに突入する努力を惜しまなかったし、防御で隙間を作らないための努力もいろいろとやった。

私は試合では12番のセンターをやっていて、11番には菊田欣佑というウイングがいた。彼は足が速く、早稲田大学でも1年生で試合に出たような選手だったが、私が相手の防御をずらして走るスペースを作り、ボールをパスすると、あとは彼がトライまで走り切ってくれた。それがチームの得点源だった。

ただ、県外の強豪校と対戦すると、いかんせんフォワードが軽量だからセットスクラムが弱く、ボールを安定的に確保するのが難しかった。ただ、ボールの確保ができれば素早く展開し、コンタクトを可能な限り避けるラグビーで対抗することを主に心がけていた。

2年生だった1955年（昭和30年度）、私たちは第10回神奈川国体で初戦は東京の城北、2回戦は北海道の北見北斗、そして決勝では茨城の水戸農業を12対0で破って優勝した。地元に凱旋すると、高崎高校OBで当時衆院議員だった中曽根康弘首相が高崎駅まで迎えに来てくれて一緒に市内をパレードし、快挙を祝福してくれた。暮れから正月にかけて行われた第35回全国高等学校ラグビーフットボール大会（当時は花園ラグビー場ではなく兵庫県の西宮球技場で行われていた）にも北関東代表として出場し、準決勝まで勝ち進んだ。準決勝では東京の保善高校に敗れたが、プラスワン

高崎高校ラグビー部、神奈川国体で優勝
（後列中央 /1955 年）

の精神で鍛えた成果だった。

３年生となった翌年度も全国大会に出場し、今度は準々決勝で岩手県の盛岡工業高校に敗れてベスト８で敗退した。この年は、国体の予選でも茨城県の水戸農業高校に1点差で敗れて出場がかなわなかった。実は、私と菊田が肉離れを起こして満足に走れない状態だった。今にして思えば、オーバートレーニングで筋肉を痛めていたのだと思うが、当時は「練習をすれば治る」という風潮で、そもそも練習を休むという発想がなかった。そして、怪我というものが、常に私のプレーヤー時代にはつきまとった。練習を休めば治ったかもしれないが、誰もそういうことを言わない時代だったのである。

当時は、「進学するのも就職するのもラグビー次第」ということをよく言われた。確かに私も、全国大会に出たことで、さまざまな大学から勧誘を受けた。大学に進学した先輩たちからも、「ウチに来ないか?」という形で誘いを受けた。

しかし、私の高校時代の担任だった角田吉弘先生は東京教育大学（現在の筑波大学）出身で、日頃より「教育大へ行け！」と言われ続け、私は戸惑っていた。教育大は、当時の国立一期校で、受験科目は5教科8科目。理科、社会、数学は2科目を受験しなければならなかった。角田先生からは、「1科目でも0点があったらダメだ。まんべんなく点数を取れ」と言われたが、歴史や地理が得意だった社会はともかく、数学と理科には頭を抱えた。なにしろ、正月に全国大会を終えてから入試までは実質的に２ヶ月もない。その間に「まんべんなく」勉強しなければならないのだ。

高崎高校の校風は「文武両道」。だからこうした無茶なミッションが担任から課せられたわけだが、当時の群馬県に、大きな塾や予備校があるわけもなく、私は旺文社の「蛍雪時代」という受験雑誌を使って勉強した。さすがに受験直前には、「授業に出なくてもいいから図書館で勉強しろ」と言われて、学校の図書館にこもった。家でも小さなこたつを抱えて勉強を続けた。この時期に支えとなったのが、子どもの頃から培ってきた体力だった。

今でも私は、「人生は体力勝負だ」と考えているが、体力がなければ人生の勝負には勝っていけないだろうと思う。体力があるからこそ、集中力も高まるのだ。

ラグビー部で培われた「プラスワンの精神」も役に立った。私自身の中に、「やればやっただけ結果が出る」という思いが芽生えて、それを信じてがむしゃらに勉強したのだ。

もちろん、いくら努力を重ねても、必ずしも全部が全部上手くいくわけではないが、高校時代にラグビーを通じて、厳しい練習に耐えてしっかり準備をすれば、必ず良い結果が得られることを実際に体験したことで、その後の人生に自信を持てるようになった。

「求めて挑戦すれば、努力しただけの答えが出る。だからこそ、それまでの努力が問われるのだ」というフィロソフィー（哲学）が、私の中に確固として築かれたのである。

私の原点となったこの考えは、W杯招致のときにも私を支えてくれた。日本ラグビー協会の専務理事として初めて国際ラグビーボード（ＩＲＢ）の理事会に出たときから、徹底的にこちらを無視する相手に対して、「とにかく話を聞いてくれ」と諦めずに食い下がることを心がけたのも、この精神のおかげだった。

もちろん、当時の森喜朗・日本ラグビー協会会長が、重要な局面には同行してくれたことも大きかった。私たちが汗をかいて整えた舞台に森さんが登場すると、私たちが話すのとはまったく違った重みがあった。ＩＲＢの理事たちも、きちんと話を訊き、それでW杯の日本開催に少しずつ関心を持ってもらえた。

そうした、いわば下働き的な仕事に励んでいるときに、私を支えてくれたのが、高校時代に培った「プラスワンの精神」だったのである。

不完全燃焼の大学時代

１９５７年４月。努力を結果に結びつけることを学んだ高校時代が終わり、私は、東京教育大学に無事入学した。

しかし、ラグビー部に入部したときに驚いたのは、高校時代との落差だった。厳しい練習で勝利を積み重ねてきた高校時代に比べれば、大学時代は核となるメンバーも揃わず、全国大会の経験者も、高崎高校の先輩や大阪の天王寺高校からきた先輩以外にはいなかった。

だから、春のシーズンから、1年生ながらチームを引っ張るような役割を果たしていた。

東京教育大学ラグビー部時代（前列中央）

夏には山中湖で15日間の合宿が行われた。私は先発メンバーだったが、1年生としての義務もこなさなければならなかった。練習の傍ら、掃除をし、ボールを磨き、次の練習のための用具を準備するといった雑用もこなしていた。夕食を挟み、翌日の準備を終えるのは深夜12時を過ぎることが多かった。

そして、13日目。私の体調がおかしくなった。右肩が痛くなって熱が上がり、そうこうするうちにまったく動けなくなったのだ。

すぐに部のマネジャーだった吉田卓司さんが、近くで合宿をしていた慶應義塾大学医学部のチームを訪ねて私の症状を説明し、ドクターから抗生物質をもらってきてくれた。それを服用すると熱が下がったが、薬の効き目は6時間しか保たず、症状は一進一退だった。

負傷した箇所が肩だったので、柔道整復師の人にも診てもらって手当てをしてもらったが、そのときは一時的に状態が良くなるものの、すぐにまた症状をぶり返した。

合宿は終了し、選手たちは帰京した。数日様子を見ていたが、回復の兆しが一向に見えず、キャプテンの志賀正義さんと吉田さんが、40度を超える熱でうなされている私に付き添い、中央線の列車で東京の阿佐ヶ谷にある河北総合病院に直行した。そこで下された診断は骨髄炎だった。私はそのまま入院することになり、熱が下がったところで手術を受けたが、結局身体が元に戻るまで4ヶ月かかった。

山中湖のグラウンドは、富士山の火山灰が積もった軽石状の砂地で、セービングなどで擦り傷を作ると、その擦過傷が膿んでしまう。それが原因の骨髄炎だった。

私は1年生のシーズンを棒に振り、関東大学ラグビー対抗戦グループの最終戦となる青山学院大学戦で、チームが負けるのを、悔しさをかみ殺して眺めているしかなかった。

「怪我で出られなくて、申し訳ない……」というのが、そのときの率直な感想だった。

だから、2年生になると、やる気満々でシーズンに備えた。しかし、シーズン序盤の試合で、死角から味方のスクラムハーフに飛び込まれて左膝の十字靱帯を断裂してしまった。それでまたシーズンを棒に振ることになる。これまでのトレーニングで筋肉がついていた左足はみるみるうちに細くなり、私は懸命に風呂の中でマッサージを施し、回復を図るべくリハビリに集中した。

3年生のシーズン終盤の試合では後ろからタックルされて肋骨にヒビが入り、テーピングならぬ絆創膏で補強してプレーを続けたが、本調子に戻れないままシーズンが終わった。

4年生のときは初めてシーズンを通してプレーができたが、振り返れば大学での4年間は、高崎高校での3年間に比べて納得した結果を得られなかった。

高校時代は、ラグビーはやれば勝つものだと思っていたが、大学時代はやれば負ける状態だったのである。

左膝十字靭帯を断裂しリアカーに乗せられて移動

英国系商社に就職

大学を卒業したらほとんどの仲間が教職に進んだ。どこに就職するかについては、当時の学部長だった鶴岡英吉先生がラグビー部のＯＢ会長で、学生の就職選定には相談に乗ってくれ、指導力を発揮していただいた。その鶴岡先生から教員になるよりも社会人のラグビーに行けと言われていた。

就職に関しては先輩の古賀浩二郎さんの推薦で、埼玉県にあるラグビーでも実績のある三井精機という企業から内定をもらっていた。しかし、東京都内のある企業が新たにラグビー部を作ろうとしている、という話があって、私はその企業に入ることを当時の監督から勧められた。関東ラグビー協会がポジション別に選手をピックアップして企業に伝え、返事を待つのみの状態だった。私は10番のスタンドオフとして選ばれていたのだ。その代わり、最初に内定した企業を、教員志望から社会人ラグビー志望へと切り替えたチームメートに譲り、新しいチームを作るという企業にお世話になることにした。

東京教育大学卒業式（右から二人目 /1961 年 3 月）

ところが、直前でラグビー部を作る話が立ち消えになって、私の就職は二転、三転した。何度も確認した約束を反故にされ、どうなるか将来が不安になった。当時の心境はラグビーで培った仲間への信頼関係とは対照的に、不信感でいっぱいだった。

そんな折りに、青山学院との試合があり、私はその試合で先制と逆転のトライを挙げる活躍をした。そのときの青山学院の監督が、後に私の上司となる永田博さんで、永田さんが勤めていた英国系の商事会社であるドッドウエルへ私を誘ってくれた。当時のドッドウエル商会はラグビー部があり、関東社会人リーグに所属していた。勤務する英国系の外国人選手も二人いて、ラインアウトはほぼ１００％の獲得率を誇っていた。

66年（昭和41年）には東京地区の代表決定戦まで勝ち上がったこともある。そのときは、朝日生命に敗れて全国大会には出場できなかったが、外資系の商社にしては、それなりにラグビーも頑張っていたと思う。

ただ、それよりも仕事が忙しかった。私の仕事は「集荷」といって、国内の商社やメーカーから海外に輸出する製品を集めて、北欧など海外の船主が持つ船に積み込む手配だった。

当時の日本は、まだ太平洋戦争で多くの船を失ったダメージか

ドッドウエル時代、執務中

ら回復できておらず、日本郵船や川崎汽船といった海運会社はあったが、船の絶対数が足りなかった。だから、海外の船主が持つ船が世界を回り、横浜港や神戸港で日本宛の荷物を下ろしたあとに、空いた船腹に日本から海外へ輸出する製品を積み込み、輸出先へと運ぶ航路が確立していた。

私は、フットウェア（履き物）からトイ（玩具）、そして電化製品まで海外へ輸出する製品を、国内のメーカーや商社から集めて、船に積み込めるよう手配することに奔走した。そうすることで輸出製品を送り出す企業から船主に代わって運賃をいただき、そこから手数料をもらう。つまり、船主の代理店業務を行っていた。このようなビジネスで多忙を極めながら「東京イングリッシュ」と自称する生きた英語を学んだ。将来のW杯招致活動でも役立つことになる外国人と付き合うノウハウや懐に飛び込む度胸は、この仕事で自然と身に付いたのだと思う。

時代は昭和40年にさしかかろうとする頃で、戦後の日本が輸出で経済成長を果たしていく真っ最中だ。そのなかで、私の仕事は、経済成長に貢献する一翼を担っていた。海外への輸出が奨励されていた時代で、当時は輸出で外貨を稼ぐ企業がたくさんあった。

そうした仕事の合間を縫ってラグビーの練習

ドッドウエル、ラグビー部時代。
大阪城をバックに。

を行い、土日には試合をする。練習後や試合後には、よく酒を飲んだ。土日も試合や練習があるから、ほぼ1年３６５日毎日酒を飲んでいるような日々が続いた。

社会人の強豪チームのように、ラグビーの大事な試合の前に会社が業務を調整してくれることもなく、オフィスが丸の内にあったので、よく皇居前の芝生を走ったり練習に使っていた。おかげで芝生が立ち入り禁止となり、コンクリートの上を走ることになってしまったが、そのようにしてラグビーと仕事を両立させていたのだ。

レフェリーとなるきっかけも、こうした日々の中で訪れた。

当時はレフェリーの絶対数が少なく、土日に関東社会人リーグで東芝青梅、谷藤機械、横河電機といったチームと試合をしたあとに、私は次の試合のレフェリーをやるように言われて、試合を終えたばかりのスタイルで、よく笛を吹いていた。私が教育大出身だから、ルールを知っているだろうという、安易な発想での〝抜擢〟だった。私自身は、レフェリーの経験がなく、最初は見よう見まねで笛を吹いていた。もちろん、レフェリーのライセンスは持っていなかったが、ルールブックは読んでいた。

しかし、レフェリーを何度となく経験しているうちに、自分が試合でペナルティを取られた場面や、相手のプレーが反則ではないかと疑った場面などを思い出し、それに照らし合わせてジャッジするうちに、レフェリーとは「経験を積むことが全てだ」と再認識した。

私は当時、ドッドウエル商会の他にエリスクラブでもプレーしていた。後に日本代表となる後川光夫、島崎文治、伊藤忠幸ら有望選手が所属していたクラブだ。だが仕事との両立が厳しく、現役を引退することを考えていた。そして、エリスのキャプテンとして1969年に韓国遠征に出かけたときに、帰国したら現役を退くことを決意した。

ただ、現役を退いたあともラグビーにずっと関わっていたいという思いは持っていた。

高崎高校や教育大、エリスクラブ、ドッドウエル商会といったチームで監督やコーチを務めることや、レフェリーとしてラグビーに関わること、といった選択肢の中で、どうしようか決めかねていた。

そんなタイミングで、韓国遠征からの帰国パーティーの席で、エーコンクラブのキャプテンで日本協会のレフェリー委員会副委員長も務めた龍野和久さんが、私の心を見透かしたように「選手をやめるのなら、レフェリーをやらないか」と勧めてきた。

当時の私は31歳。そのとき、レフェリーの世界がどういうものかはまだ知らなかったが、プレーヤーやコーチとは違う分野であるだけに、これから新境地を開拓できるような魅力を感じた。

それが、私が本格的にレフェリーの道に入るきっかけとなったのである。

エリスクラブ韓国遠征（右）

トップレフェリーを目指す

１９７１年（昭和46年）。第23回全国社会人ラグビーフットボール大会準々決勝で、東京三洋と三菱自工京都が対戦した。場所は秩父宮ラグビー場だ。

この試合が、私が主要な大会でレフェリーを務めた最初の機会だった。

その後、さらなる上級のレフェリーを目指して各種研修会に積極的に参加し、知識を深める努力をした。

当時、レフェリーの世界は高等学校や大学の教員が多く、、全国で活躍していた。私は外資系のドッドウエル商会に就職したから教員の世界とは離れていて、関東社会人リーグでプレーしていたこともあって、もっぱら社会人の試合のレフェリーを務めていた。それぞれの分野で経験を積むことでレフェリングのスキルアップを図り、将来的に日本協会主催の主要試合や国際試合をトップレフェリーとして任されるようになる。

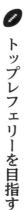

レフェリーになるのであれば「トップレフェリー」を目指そう。その究極は、豊富な経験を基に包括的な視野を持って、ゲーム全体をマネジメントできるスキルを持ったレフェリーだ。私は、そう考えていた。

トップレフェリーとは各国協会で最高位のＡ級ライセンスの中でも３人しか存在せず、国際試合をはじめ主要試合を任される。当時、レフェリーの階級はＡ、Ａ1、Ｂ、Ｃ、Ｄに分類され、Ａは国際試合、日本協会主催主要試合、A１は日本協会主催試合、Bは地域協会主催試合、CとDは都道府県協会の主催試合を担当する仕組みだった。

トップまで上り詰めるには、レフェリーにとって一番大切なものは何かということを真剣に考えた。知識や経験が重要なのは言うまでもないが、私が出した答えは「信頼」だった。毅然とした態度で適切な判定を行い、選手から信頼されるレフェリーになろう――それが、私の決意となった。

それには、自分のコンディションを整えることを常に心がけた。プレーに遅れることなく、良いポジションを取り、いつもボールのそばにいること、これがベストの判断を下す源だと考えた。自分にできる範囲で最大限の努力をするのが、レフェリーの務めだからだ。

レフェリーには、その試合のパフォーマンスを評価するアドバイザリー委員会もあって、判断の根拠を問われることもあった。ただ、この場は、評価を下すことよりもアドバイスをくれることが多く、私はそれを聞いて、忠実に実行するように心がけた。

そのとき言われたのが、「ミスがあっても、次には同じミスを繰り返すな」ということだった。後に私

レフェリー活動、中央は新日鉄釜石の松尾雄治

が後輩のレフェリーを指導する立場になったときに、「ミスを恐れるな」というところからアドバイスを始めたのも、私自身がそのように育てられたからだ。

とにかく迷うことなく速やかに判断を下すことが先決であって、その判断がもし間違っていたら、今度は同じ過ちを繰り返さないようにすればいい。

主役はプレーヤーだ。彼らが、日頃の実力を発揮できるようにサポートするのが、レフェリーの務めだと私は考えたのである。

私がレフェリーに、いよいよ本腰を入れようと決意を固めたのは、主要なゲームを任されるようになってからだった。

レフェリーを始めた最初の頃は、無我夢中で笛を吹き、少しでも上のランクに行きたいという向上心が強くあった。

だが、一つひとつの試合を大事に吹いて経験を積むうちに、安定的な判断をすることが大切であることを再認識するようになった。そうなると、さらにまた、一つひとつの試合を大事に吹くようになる。

もちろん、レフェリーを始めた当初はミスもあったと思う。

レフェリー活動、新日鉄釜石対同志社大

しかし、経験が成長を助けてくれた。さまざまな試合の経験を積むうちにミスは減り、安定的な判定が評価につながって、より主要な試合を任されるようになっていく。

レフェリーとしてのパフォーマンスは、レフェリーソサエティーの中で評価を受けるが、ランクが上がるにつれて、私も若いレフェリーを指導する立場になっていく。そうなると、今度は若い連中のお手本となるべく、自然に責任感も備わってきた。

プレーしている選手たちに対する責任も、より強く感じるようになった。プレーした選手たちが、試合後に満足してくれるのが私の理想だった。

階段を一歩ずつ上り、私は40代半ばで念願のトップレフェリーになった。関東大学対抗戦グループの伝統戦である「早明戦」を6万人の観客を前に国立競技場で最初に吹いたときはそんな余裕も自信もなかったが、自分の責任を肝に銘じてレフェリングを全うした。

自分の経験と知識を持って適切な判断を下し、誠実にレフェリーを務めてきた自負は、今も持っている。

思い出に残る3ゲーム

レフェリーとして私は、数多くの試合を吹いてきた。日本選手権や大学選手権、社会人大会の決勝戦など、日本協会主催の主要ゲームをよく吹いた。日本協会から派遣されて、アジア選手権でレフェリーを務めるなど、海外からの来征チームも含めて国際試合もたくさん経験した。

そうした私のキャリアの中で、いまだに強く記憶に残っている思い出のゲームが3つある。いずれも名勝負として知られた好ゲームだが、後々に振り返れば、今もラグビーファンに語り継がれる歴史的なゲームだった。

【1】雪の早明戦

その一つが、1987年12月6日に行われた、関東大学対抗戦グループの早稲田大学対明治大学の定期戦――いわゆる「雪の早明戦」として知られる試合だ。

このシーズン、早稲田はこの試合まで8戦全勝で、明治は筑波大学に敗れて1敗だった。つまり、早稲田が勝てば全勝優勝。明治が勝てば両者が1敗同士で並ぶが、当該チーム同士の対戦で勝った明治が優勝となる。大一番だった。

私は、試合前日、東京の芝パークホテルでレフェリーソサエティの会合があり、夜9時過ぎに神奈川県横浜市にある自宅に帰宅した。そのとき都内では風花のような雪がちらほらと舞っていたが、自宅の周りでは降っておらず、まさか翌日に雪が積もるなどとは考えもしなかった。

翌朝、目を覚ましたら、周りは一面の銀世界だった。私は、これは中止になると思い込んで協会に確認の電話を入れたところ、関東ラグビー協会会長の綿井永寿さんが出て「何をやっているんだ、早く来い！もう雪かきも終わっているんだ！」とせき立てられた。それで慌てて家を出たような状態だった。

国立競技場に到着してグラウンドを見ると、除雪された雪がピッチを囲む土手のように積み上がっていた。綿井さんが日体大の学生や、教え子が監督をしている近隣のチームに声をかけて、そうした学生たちの手で除雪作業が行われていたのだ。

とはいえ、グラウンドはぬかるんでいてコンディションが悪かった。

「これはキックが多くなるな」と予測した通り、試合ではやはりキックを多用してパス攻撃は少なく、時折ボールをつないで走る場面に観衆が沸いた。

身体を動かしているので寒さはほとんど感じなかったが、レフェリーとしては比較的ケアすべきポイントを絞りやすい試合だった。

ふと観客席を見ると、座席の雪がすっかり除雪されていることに驚き、雪かきに汗を流した学生たちの苦労を思うと同時に、その席がほとんどすべて埋まっていることにさらに驚いた。

「こんなコンディションの中で、これだけのお客さんがよく集まったな」と感心したことを、今でも覚えている。

この試合には、明治の吉田義人、早稲田の堀越正己、今泉清といったルーキーが出場したことも満員となった要因だった。私も彼らが頑張ったことは強く印象に残っている。いずれも、その後日本代表に選ばれて長く活躍した選手たちだ。現在、日本協会の副会長を務めている清宮克幸は早稲田の2年生で、後に九州電力で活躍した永田隆憲がキャプテンだった。明治のキャプテンだった大西一平は、その後、神戸製鋼でもキャプテンを務めて日本選手権7連覇に貢献している。

試合は、早稲田が10対7とリードして迎えた終盤に明治が攻め込み、早稲田をゴールラインに釘付けにして何度もスクラムから逆転トライを狙う展開となった。守る早稲田は、スクラムに耐え、懸命のタックルでサイドアタックを止め続ける。

寒さの中、スクラムを組むたびに湯気がもうもうと上がる異様な光景が出現し、両チームの必死の攻防に悲鳴や歓声が上がる。

得点差は３点だから、明治がペナルティゴールを入れれば同点引き分けとなるが、それでは明治の優勝とはならず、あくまでも強力ＦＷのスクラムでトライを奪っての勝利を目指していたのだ。

雪の早明戦（1987 年 12 月 6 日）

しかし、雪というコンディションで足元が滑り、両チームとも納得できるスクラムが組めなかった。だから、何度組み直しても、明治はスクラムを押し切ることができなかった。私はノーサイドの笛まで手元のストップウオッチを見ながら「最後までやり尽くしてほしい」との思いだけだった。
「重戦車」と呼ばれた明治の猛攻を耐え抜いて勝利を収めた早稲田は、そのまま第24回大学選手権を勝ち進んで優勝を遂げ、第25回日本選手権でも社会人大会を制した東芝府中（当時）を破って優勝した。

雪の早明戦から32年が経った2019年。W杯が日本で開催された年に、この「雪の早明戦」に出場したメンバーが名古屋に集まるのでメッセージが欲しいという、依頼があった。

そのとき私が贈ったビデオメッセージでどんなことを話したのか、あらかた忘れてしまったが、ただ一つ「私も必死でしたよ」という一言を入れたことはよく覚えている。

雪の土手に囲まれたようなグラウンドで、両チームが泥まみれになって戦ったあの試合は、昭和のラグビー史の中でも記憶に残るゲームだった。

【2】平成元年にジャパンが挙げた大金星　～ジャパン、スコットランドを破る～

大学ラグビーの熱狂的な人気ぶりとは対照的に、当時はジャパンがなかなか勝てない時代だった。87年には、第1回W杯で優勝したニュージーランド代表オールブラックスが来日したが、ジャパンは0対74、4対106と大敗。88年も、来日したオックスフォード大学に敗れ、11月に行われたアジア選手権でも決勝で韓国に敗れて、アジア王者の座を奪還できなかった。

平成となった89年には、宿澤広朗監督が就任。キャプテンに、神戸製鋼を初優勝に導いた平尾誠二を据えて、5月のスコットランド代表の来日に備えていた。

この年は、英国4協会の代表であるブリティッシュ＆アイリッシュ・ライオンズのオーストラリア遠征が同時期に予定されていて、来日するスコットランドのメンバーにはライオンズに選ばれた主力選手が参加しないことが、あらかじめわかっていた。

それを見込んでか、宿澤監督は就任の記者会見で「スコットランドには勝てると思います」と強気の発言をしていた。

そして、５月28日。秩父宮ラグビー場で、ジャパンとスコットランドのテストマッチが行われた（日本側はこの試合をテストマッチと認定したが、スコットランド側は、正代表ではなく準代表扱いのスコットランドＸＶ＝フィフティーンとして戦い、テストマッチとして認定していない）。

私は、この試合にアシスタント・レフェリー、当時の言葉で言えばタッチジャッジとして立ち会った。レフェリーを務めたのは、ウェールズ協会から派遣されたレス・ピアードさんだった。

当日は、真夏を思わせるような暑い日だった。その中でスコットランドの選手たちが暑さと湿気に体力を奪われていくのとは対照的に、ジャパンの選手たちは、それまでのジャパンとは違って動きがシャープだった。この日のように、何度かタッチジャッジとしてジャパンの試合を見てきた私は、経験上、負ける試合は選手たちの動きがなんとなく重たく見えることを知っていたが、明らかに違っていたのだ。

日本はスコットランドを破る大金星をあげた（1989 年 5 月 28 日）© 共同通信社

特に、前半に、ジャパンがスコットランド陣のラインアウトから、藤田剛が一番前の太田治にボールを投げてすぐにリターンパスをもらい、そこから抜け出し、最後は林敏之がトライを挙げた場面では、「ああ、本当に勝つ気で準備をしたのだな」と感心した。

私は、試合前には「勝てればいいな」という淡い期待を抱いていたが、試合中に勝てるのではないか、という気持ちに変わってきた。

そして、28対24とジャパンが勝った瞬間に感じたのは、「本当に勝っちゃったよ」という驚きだった。ブライトンの奇跡が起こる26年前に起こった「奇跡」だった。

この勝利は、日本が初めてラグビーの伝統国の代表を破った勝利であり、翌90年に予定されている第2回W杯アジア・太平洋地区予選へ、さらには91年のW杯本大会へと大きな期待を抱かせる勝利でもあった。ラグビーブームとはいえ、あくまでも大学ラグビーの人気が中心だった時代に、ジャパンが大きなインパクトと存在感を見せた転換点が、この試合だったのである。

【3】第43回全国社会人大会決勝　神戸製鋼、奇跡の逆転勝ち

87年度が、雪の早明戦に象徴されるように大学ラグビーの人気を押し上げたシーズンだったとすれば、88年度は、神戸製鋼が社会人大会を制したことで、それまで比較的地味な存在だった社会人ラグビーにもスポットライトが当たるようになったシーズンだった。

当時の神戸製鋼には、キャプテンの平尾の他にも、日本代表で活躍した大八木淳史や林をはじめ、スター

性のある選手が名前を連ねていた。にもかかわらず、社会人大会で優勝を遂げたことはなく、「万年優勝候補」と言われていた。そんな神戸製鋼が悲願の初優勝を遂げ、平尾、大八木、林の3選手がスコットランド戦の金星に貢献したこともあって、社会人大会にも多くの観客が詰めかけるようになっていたのだ。

全国社会人大会は、東京の秩父宮と、東大阪市の花園ラグビー場での隔年開催となっていて、88年度は秩父宮、89年度は花園での開催だった。そして、神戸製鋼の3連覇がかかった90年度の第43回大会決勝戦は、秩父宮で行われた。

対戦相手は、現在は埼玉パナソニックワイルドナイツとなった三洋電機だった。三洋は、88年度に創設された東日本社会人リーグで上位に君臨し、神戸製鋼V1のときは2回戦で、V2のときは1回戦でそれぞれ対戦して、僅差で敗れていた。それだけに、神戸製鋼のV3を阻止するべく、このシーズンは万全の準備を整えていた。しかも、彼らの初優勝もかかっている。気合は十分だった。

神戸製鋼が、ボールを大きく動かす展開ラグビーを得意とするのに対して、三洋は、日本代表でもあるシナリ・ラトゥをナンバー8に置き、重量FWを中心とした力のラグビーが特色。そんな対照的なチームカラーを持つ両チームのライバル関係も、ラグビーファンの関心を集めた。

さらにファンの興味を加速させたのが、神戸製鋼にこのシーズンから加わった、当時の現役オーストラリア代表WTBイアン・ウィリアムズだった。1回戦から、ウィリアムズが快足を飛ばしてトライを重ねる様子がテレビのスポーツニュースで流れて、観客増に貢献していた。

私にとっても、この試合が、レフェリーとして笛を吹いた最後のビッグゲームだった。

試合は、時折小雪が舞うような寒い曇り空のもとで行われた。

主導権を握ったのは三洋で、堅い防御とFWの鋭いタテ突進で2トライを奪う。神戸製鋼は、得意のアタックを封じられてノートライに抑え込まれ、細川隆弘のペナルティゴールでなんとか食い下がっていた。終盤になってもそんな構図は変わらず、三洋が16対12とリードを保っていた。

しかし、終了間際になって神戸製鋼が自陣から攻め上がる。トライに結びつくような決定的なチャンスを作り出したわけではないが、笛を吹いていた私にも、そしてスタジアム全体にも、最後に何か劇的なドラマが起こりそうな予感はあった。

神戸製鋼が左にボールを展開してラックを作り、ナンバー8の大西がサイドアタックを仕掛けたところで、残り時間はほとんどなかった。神戸製鋼は、そこから今度は右へボールを大きく動かした。キャプテンのセンター平尾めがけて放られたパスが地面に落ちてバウンドする。私は、一瞬、平尾がボールを落とすのではないかと身構えた。平尾のマークについていた三洋のノフォムリ・タウモエフォラウも、ノックオンが起こるのではないかと見て一瞬動きが止まった。けれども、平尾は巧みにボールを拾い上げると、右の大外で待ち受けるウィリアムズにフルバック藤崎泰士を飛ばしてパスを放った。位置はほとんどハーフウェイラインだ。

そして、ボールを得たウィリアムズは、三洋のワテソニ・ナモアとの走り合いに勝って50メートルを走り切り、インゴールでポスト下まで回り込んでトライを決めた。

場内は騒然としていたが、この時点でのスコアは、当時トライが4点だったために16対16の同点だ。最後のコンバージョンが外れれば、試合は引き分けとなるが、規定によってトライ数で上回る三洋が日本選手権に出場することになる。

そんな大事なコンバートを細川が決めて、神戸製鋼が18対16と逆転。３連覇を達成した。

三洋にとっては衝撃的な結末だった。

私がノーサイドを告げる笛を吹いても場内の騒ぎは収まらなかった。人の声がほとんど聞き取れないほどの喧噪がスタジアムを包んでいる。

三洋のキャプテンを務めた飯島均（現埼玉パナソニックワイルドナイツＧＭ）が私に近づいてきたのはそんなときだった。

「真下さん、ありがとうございました！」

飯島は、そう言って握手の手を差し出した。私も手を握り返して、飯島をねぎらった。

レフェリーにとって一番嬉しいのは、勝ったチームはもちろん負けたチームからも、「サンキュー、レフ」と言われる瞬間だ。実際にプレーした選手たちが、そうやって握手の手を差し伸べてくれるのは、彼らがゲームに没頭してエンジョイした何よりの証。そこにレフェリーを務めた喜びが凝縮されるのだ。

ここで紹介した90年度の神戸製鋼対三洋の決勝戦は、日本の社会人ラグビーに溜まっていた大きな可能性とエネルギーが一気に解放されて、社会人ラグビーの面白さを世間に知らしめたエポックメーキングなゲームだった。

そして、こうした熱闘が、平尾、大八木、林、細川、ラトゥといったメンバーが名前を連ねるジャパンへの関心を集め、91年の第2回W杯へとファンの興味をつなげた。ジャパンもそれに応えて、スコットランド、アイルランドには敗れたものの、ジンバブエを52対8と破ってW杯での初勝利を挙げたのである。

レフェリー人生最大のピンチ

さらにもう1試合、個人的に忘れられない試合がある。1985年11月23日、大学ラグビー最古の伝統戦、早稲田対慶應の「早慶戦」だ。試合中、私は左ふくらはぎに肉離れを起こしながら右足一本のような形でなんとか走り、どうにかノーサイドの笛を吹くことができた。このことを思い出すと今でも背筋が冷たくなる。振り返ると、私のレフェリー人生で「最大のピンチ」とも言える出来事であった。

その年、早慶戦のレフェリーに指名されていた私は仕事が終わり帰宅すると近所の公園などでいつも通り、ウオーミングアップの後、走り込みをして準備をしていた。その頃はとにかく走りこむことがトレーニングの基本であるというのがスポーツ界だったと思う。私自身は走れていれば大丈夫、選手に遅れることなくプレー状況が見える位置取りができれば、公正でスムーズな試合運びになる笛が吹ける、そんな意気込みで年間を通して走り続けていた。

前半の終了間際に左ふくらはぎに激痛が走った。試合中に肉離れだなとは思ったものの、ここで試合を中断したりすることは選手たちの高揚した気持ちに水を差す、それは試合を左右することになりかねない。

何としても普段通りノーサイドまで頑張らねばという一心で走り通し、無事にノーサイドの笛を吹くことができた。

その結果、重い肉離れと診断され、それから何とか復帰できる治療方法はないかとあちこちの整形外科の医師たちに診てもらった。しばらくレフェリーは休んだ方が良いと進言する先生もいたが、それでも何とか治療できないかと情報を集めてくれた。

その時一人の医師の名前が挙がり、さっそく診察を受けに行くと、さまざまな検査の後、これは筋肉のバランスが良くないことから起きた症状なのでそこを改善すればまた走れますよと言われ、今でいうリハビリテーションが始まった。当時東大の先生で飯田橋の厚生年金病院にいらした武藤芳照先生である。教えていただいたメニューを基にトレーニングを続け、次シーズンには復帰、それ以後約10年レフェリーを続けることができた。

現在の怪我からの復帰、科学的トレーニングの知識が日本に入ってきたタイミングだったのだろう。その時、武藤先生がくださった小さなダンベルを見るたびに、根性だけではなし得ない、絶えず新しい知識を得るために勉強していかなければいけないということを身に染みて知った。

レフェリーとして築いた「財産」

ラグビーは、中世のイングランドなどで農村のお祭りとして行われていた「フットボール」を起源に持つ。

お祭りをより長く楽しむためにさまざまなローカルルールを作り、なかなか得点できないようなゲームへと発展していった背景がある。選手たちが自分の足で立った状態でボールを奪い合ってトライに結びつけるという、お祭りのフットボールから続くラグビーの本質は、今もそれほど大きく変わっていない。現代ラグビーのルールも、定められた試合時間の中で両チームの選手たちが精一杯ボールの争奪戦を楽しめるように構成されており、地面に寝ているプレーヤーがボールに働きかけると反則になるのも、ボールの争奪を円滑に進めるためだ。

私は、こうした歴史と知識を学びながら、スムーズなレフェリングをできるように心がけた。目指したのは、プレーする選手たちが勝っても負けても納得するようなレフェリングだった。

もちろん、競技である以上、試合後は勝者と敗者に分かれる。選手たちも勝敗にこだわる。

しかし、確かに勝敗は大事だが、それ以上に、たとえチームが負けたとしても、プレーした選手が「今日は思う存分プレーできてエンジョイした」と思うような試合は、私自身のプレー経験を顧みても確実に存在する。敗れたチームの選手たちまで含めて、試合を戦った選手たちがそういう気持ちになってくれることを、喜びと感じられるレフェリーを目指したのである。

その意味では、神戸製鋼との死闘に敗れて悔しさの真っ只中にいるはずなのに、「ありがとうございました！」と握手の手を差し出した三洋の飯島キャプテンの行為は、私にとっても非常に嬉しかった。

その言葉と振る舞いが、レフェリーにとっては何よりのねぎらいだからだ。そして今も忘れない瞬間だが、レフェリー引退後にトップ選手たちから感謝の意を込めて胴上げされ、花束を渡された時は、なんとも言葉には表せない感慨でいっぱいになった。

レフェリーとしての私は、試合をマネジメントするために準備を怠らないようにしていた。それはまず対戦するチームのそれまでの試合を何試合か観察や分析をして予備知識を得る。そうやって学習しておくことで、チームの力を把握しておけば、どういう状況になればアドバンテージを活かしてプレーが続くのか、あるいは、どういう状況ではアドバンテージを活かせずにプレーが上手くいかなくなるのか、展開の予測が立つ。

同時に、誰がチームのエースで、誰がゲームをリードしているのか、どういうときに持ち味が出るのかを把握しておく。そうすれば、試合の途中でも「このスクラムは押せないのではないか」とか「このスクラムは押し切るだろう」と予測できるようになる。スクラムからサイドアタックを仕掛けるタイミングや、バックスにボールを回すタイミングも、だいたいわかってくる。

こうやって、次にどういうことが起こるのかを常に頭に入れて展開をイメージすることで、スムーズなレフェリングができるようになる。そういう予期する力が、レフェリングには大切

レフェリー引退後に選手たちから胴上げされる（1992 年）

なのだ。

とはいえ、私自身もそうだったが、経験の浅いレフェリーは余裕がなく、自分がルールを熟知していて、反則を見逃していないことをアピールするために、重箱の隅をつつくようにしょっちゅう笛を吹く。しかし、それではゲームが面白くなくなるし、選手もフラストレーションを溜め込んで、規律が保たれなくなる。

これが、ある程度経験を積んでトータルにゲームの流れを読みながら対応できるようになると、ゲームが円滑に展開するようになる。そうなれば、選手たちはプレーに集中するので、ルールに反した不正なプレーに走ることもない。92年にレフェリーを引退してから、私は、いささかの自戒の念を込めて後進のレフェリーたちにそうしたことを伝えた。

そのほかに、笛の吹き方にしても、ノックオンのような軽い反則に鋭く笛を鳴らしていては、レフェリーが取り締まりを行っているようなイメージを選手たちに与えてしまう。しかし、ソフトに吹けば、選手たちも納得する。逆に、危険なプレーや乱暴なプレーに対しては、警告の意味を込めて強く鋭く笛を吹く。笛の音色にバリエーションをつけることでも、選手たちがリラックスしてプレーできるような環境を整えられるのだ。

私がレフェリーをしていた当時は、現在とは違い、レフェリーが選手とコミュニケーションをとることが珍しかった。これは、「レフェリーは選手にアドバイスをしてはいけない」というルールブックの文言にガチガチに縛られていたからだ。もちろん、この文言が意味するのは当たり前のことだが、私は、コミュニケーションとアドバイスは別物だと考えていた。コミュニケーションは大切なことで反則を未然に防ぐ効果があり、プレーの継続にもつながる。

選手たちがルールをしっかり研究して、ルールで許容されるかどうかのぎりぎりのプレーをしてくるのも、「ルールに挑戦しているな」と思えて嬉しくなる。そういう試みを、しっかりと見守ってあげるのも、レフェリーの役割だと思っていた。

現在のラグビーではＴＭＯ（テレビジョンマッチオフィシャル）があって、トライかどうかの微妙な判定や危険なプレーかどうかの判断に映像が使われるが、私の時代はすべてレフェリーが肉眼で確認して判定を下さなければならなかった。だからこそ、常にボールに近い位置にい続けることが大切だった。テクノロジー全盛の現代はＴＭＯの担当レフェリーもおり、機械に頼る「分業制」の仕組みに時代の大きな流れを思い知らされ、いささかの寂しさを感じる。私が現役レフェリーの頃は、レフェリーが唯一の事実の認定者であり、得点と時間の管理はレフェリーの専権事項であった。

ラグビーのオフサイドは、簡単に言えば、ボールのある位置がオフサイドラインになるのだから、常にボールのあるところにいられるように動けば、反則を見逃すこともなければ、トライの決定的な瞬間を見逃すこともない。だから、私は常にボールが動く位置か真横にポジショニングして、オフサイドラインを確認していた。

きちんとトレーニングをして、反則が起き得る地点にいち早く位置してプレーを判断していければ、選手も「このレフェリーはきちんと見てくれる」と、信頼感を抱くようになる。そういう信頼関係がプレーヤーとの間に構築されて初めて、試合は円滑に進むのだ。

もちろん、試合開始直後は、両チームとも気合が入って感情が昂ぶっているので、最初の10分間は厳しく吹いて注意を促す。そして、選手たちが試合のリズムをつかんでからは、少しずつソフトな笛に変えて行く。そうすることで、ゲームがスムーズに動いて面白くなる。こうなれば、プレーヤーも、レフェリーも、そして観客も、ストレスを感じることなくゲームを楽しめる。

こうした私のレフェリングに対する哲学は、自分の現役時代の経験をベースにしていた。

たとえば、教育大時代に、大先輩である池田正徳さんというレフェリーによく吹いてもらったが、いつも私は「この人がレフェリーだとプレーがやりやすい」と思っていた。反対に、細かく笛を吹かれてやりにくいと思ったレフェリーもいた。そういう経験を通じて、どういう笛が選手に余計な負担を与えないかを感じ取っていたのだ。

ラグビーの主役は、あくまでも対戦するチームの選手である。レフェリーの仕事は、選手たちが日頃から鍛え上げたパフォーマンスを最大限に発揮できる環境を整え、観客に感動を呼ぶようなプレーが行えるよう試合をマネジメントすることだ。

それが、レフェリーが目指すべきところなのである。

レフェリー活動、国際試合。左から３人目はウェールズのトップレフェリー、ノーマン・サンソン氏

私がレフェリーをしていた時代は、日本のラグビー界全体が厳しいアマチュアリズムを貫いていた。当然、休日にレフェリーを務めたからといって報酬を得られるわけではなく、良いレフェリングをしたからといって報奨金がもらえるわけでもなかった。支給されるのは、試合会場までの交通費の実費だけであった。

しかし、私はレフェリーをやり続けたことでかけがえのない「財産」を手に入れたと思っている。それは、プレーヤーたちとの信頼関係である。さらにもう一つは、海外のレフェリーたちとの交流だった。特にアジアのレフェリーの育成には力を入れ、底上げを図った。彼らの成長が各国のラグビー発展に貢献している。W杯の決勝戦を吹いたこともある国際レフェリーのデレク・ベヴァンさんやレス・ピアードさんもたびたび来日し、我が家に招いて食事を楽しんだ。

ベヴァンさんを含めて、まだ日本のラグビー界があまり国際化していなかった時代に、海外から来征したチームにレフェリーとして帯同してきた彼らとは、お互いに家族ぐるみでカラオケに興じる仲でもあった。日本で世話を焼いた私たちに、海外の最新のレフェリングの動向や、ルールの変更についての情報を教えてく

レフェリー活動、アジアレフェリー研修（後列左から三人目）

れた。さらに日本のレフェリーに実技指導や研修も行ってくれた。

彼らは貴重な情報源だったのである。

レフェリー時代に信頼関係を築いた選手たちとは、今も交流がある。特に、日本選手権7連覇を達成した新日鉄釜石と神戸製鋼の選手たちとは、2012年に東日本大震災からの復興支援の一環として行われた「V7マッチ」（秩父宮ラグビー場）で旧交を温めた。18年には、W杯会場の一つとなる岩手県釜石市の「釜石鵜住居うのすまい復興スタジアム」の完成記念イベントとしてV7メンバーによる「レジェンドマッチ」という形でOB戦が行われた。

そうした試合に、私がレフェリーとして指名されたのだ。彼らが今のルールに対応できず、私の笛で、昔のルールのまま試合をやりたいというのも私が指名された理由だが、もう走れなくなってプレー中に元スター選手の松尾雄治さんから「ちょっとゲームを止めて」といった泣きも入る試合は、かつて彼らの真剣勝負に立ち会っただけに、ほのぼのとしていい雰囲気だった。

釜石のスタジアム完成記念として開催された「レジェンドマッチ」でレフェリーを務める（2018年）

しかも、彼らはＷ杯日本開催の告知を兼ねてこうした試合をやろうと言ってくれた。これも、ラグビーという競技が持つ不思議な吸引力のたまものだろう。

ラグビーは仲間を作り、その仲間と切磋琢磨した経験はいつまでも心に残り、それが仲間同士の信頼関係となって長く続く。長いレフェリー生活で知遇を得た多くの方々は全国各地でラグビーに携わり、Ｗ杯日本初開催の時もみんなでスクラムを組んでサポートしてくれた。

こうした付き合いこそが、私がレフェリーとして築いた「財産」なのである。

競技の枠を超えてスポーツ界に貢献

ラグビーがもたらしてくれた日本スポーツ界との交流は、年を重ねるごとに広がっていった。ワールドカップ（Ｗ杯）招致を打ち上げた２００３年には、日本体育協会（現日本スポーツ協会）の評議員、日本オリンピック委員会（ＪＯＣ）評議員に就任。国民体育大会（現国民スポーツ大会）の事業や強化育成にも携わり、ＪＯＣでは競技の枠を超えて理事の役員選考などにも尽力した。

私がレフェリー出身という立場からなのか、スポーツ界で不祥事が起こると調査委員会のメンバーに指名され、公正な意見や判断を求められることもあった。

05年には主要な団体競技のリーグの活性化を図る目的で日本トップリーグ連携機構（９競技団体12リーグ）が設立された。私は初代会長の森喜朗氏、専務理事の市原則之氏の下で副専務理事に就任、スポーツ界全体で国際競技力向上やリーグの運営および連携の支援に回る活動が主な仕事だった。同機構は森氏の後を受けて川淵三郎氏が会長を務めているが、本年開催されるパリ五輪には、バスケットボール男子が48年ぶり、ハンドボール男子が36年ぶりに開催国枠ではなく自力で出場枠を獲得したのをはじめ、五輪で実施される全ての団体競技で日本勢が出場することになった。これは戦後初の快挙であり、トップリーグ創設初期の目的が果たされ感慨深いものがある。

こうした競技の枠を超えた有形無形の交流の広がりがラグビーW杯招致活動にも奏功し、7人制ラグビーの五輪競技入りの際にも大いに役立ったと受けとめている。

日本トップリーグ機構設立時（左から市原氏、麻生氏、森氏、張氏、川淵氏、真下。2005年）

ラグビーが開いてくれた「世界」

このように、私は高崎高校時代にラグビーに出会って以来、ずっとこの競技に携わって生きてきた。そして、16歳で北海道の大平原を見て抱いた「大きな世界で羽ばたきたい」という願いを、W杯日本開催という形で実現できた。それも、ラグビーに携わってきたからこそだ。

ラグビーを通して知り得た仲間に支えられ、ともに切磋琢磨しながら身につけた、何事も率先垂範する「プラスワンの精神」は、W杯の日本開催を思い立ったときから私をずっと支えてくれた。

いや、東京大空襲で焼け出され、群馬県高崎市に疎開して以来、いじめにも屈せず、負けてたまるかと必死で生きてきた姿勢が、私をラグビーに巡り合わせ、そうしてW杯の成功までの長い時間を支えてくれたのかもしれない。

こうして自分の歩みを振り返りながらさまざまなエピソードを思い起こすと、すべてが必然の糸で結ばれているように思えてくる。

高校時代の仲間たちだけではない。教育大時代に怪我に悩まされ、消化不良を味わいながらもラグビーを続けたことで、ドッドウエル商会という会社に籍を置くことになった。そこで仕事を通して外国人との交流を深め、レフェリーという道へと私をいざなってくれた。その結果、国の内外を問わずに多くの友だちに恵まれ、そんな仲間に支えられてきた。

１９９２年に54歳でトップレフェリーを引退した後は、長く勤めた外資系商社から、かねてより親交のあった和崎嘉彦さんや黒澤利彦さん（ともに元慶応ラグビー部監督）に声をかけていただき（株）クボタに移った。素形材事業部営業企画部長として働く傍ら、ラグビー部顧問として強化を担当、東日本社会人リーグの２部だったチームを1部に押し上げた。トップリーグでは、数年にわたり成績は停滞していたが、その間も土橋芳邦社長（当時）には、温かい応援をしていただいた。その後強化策の一環として、南アフリカを中心とした外国選手の補強を図り、２０２２年にスタートしたリーグワンでは、23年に「クボタスピアーズ船橋・東京ベイ」が初代王者の埼玉パナソニックワイルドナイツをプレーオフで破り、前身のトップリーグ時代を含めて初優勝した。私も創設時代からの仲間と共に美酒を味わった。

レフェリーとしてプレーヤーとの信頼関係を何よりも重視して笛を吹いたように、私は、その後も仲間たちとの信頼関係を基盤に、ラグビーの世界で夢の実現に向かって突っ走ってきた。

ラグビーと巡り会ったからこそ、少年時代に抱いた夢を、当時は想像もできなかったような形で実現できた。

本当に幸せだとしみじみと思う。

私にとってラグビーとは、世界への扉だったのである。

終章　もう一つのW杯

2019年の秋は、日本中がラグビーW杯開催に注目し、開幕戦から4連勝と白星を重ねる日本代表の活躍に熱狂した。国中がラグビー一色に染まった。

2003年にW杯の日本招致を打ち出して以来、さまざまな苦労を経て開催にこぎ着けたW杯が、私たちラグビー関係者の思惑をはるかに超えるような成功を収めつつあった。

そんな熱狂のさなかに、神奈川県横浜市にある横浜赤レンガ倉庫1号館では、ある画家の個展が開かれていた。

画家の名前は、岡部文明（ぶんめい）。

岡部さんは、ピエロをモチーフにした絵で世界に知られる画家だが、元はラグビー選手であった。

1965年（昭和40年）、福岡県立福岡工業高校のラグビー部員だった岡部さんは、オール福岡少年の部のメンバーとして、岐阜県で行われた岐阜国体に参加していた。しかし、大会前日に、成年の部に出場する八幡製鉄を中心としたチームと合同練習をした際、スクラムで頸椎を脱臼骨折する重傷を負い、それ以後は長い闘病とリハビリテーションに明け暮れるようになった。

当時地元岐阜教員メンバーだった、平尾誠二さんをはじめとするあまたの名選手を育てた「泣き虫先生」こと山口良治さんが、怪我発生から彼が自衛隊機で福岡の病院へ移送されるまで寄り添い、力づけてくださったと岡部さんは繰り返し話してくれた。

しかし、岡部さんは手足の自由を失い、車いすでの生活を余儀なくされるようになる。

負傷してから2年後の67年、彼に大きな転機が訪れた。

小林忠郎さん（当時関東協会事務局長、早大OB）が、来日していたニュージーランド大学選抜（NZU）チームに岡部さんのことを話したところ、メンバー4名が、失意のどん底で、大分県のリハビリ施設にいた岡部さんを見舞ったのだ。

NZUは、戦前から来日し、日本のラグビーのレベルアップをサポートしてくれたチームであるが、戦後に来日したのはこのときが初めてだった。しかも、メンバーには、オールブラックスでも9番10番のハーフ団を組んでいたクリス・レイドロー（SH）、アール・カートン（SO）をはじめ、CTのジェラルド・ケンバー、FBのミック・ウイリーメントら、今もニュージーランドでレジェンドとして知られる名選手が数多く参加していた。

岡部さんはそのときの気持ちを、「まだ高校生だったのですごい人たちが来ちゃったな、とびっくりしてわけがわからなかった。わかったのはとにかく夢のような人たちが自分を励ましてくれていること、自分も同じラガーマンなんだと思ったことだった。それまで、もう何もできないという絶望感しかなかったし、なんで自分だけがこんな目にあうんだ、という思いでどうして良いのかわからない日々を送っていた」と話してくれた。

NZUのメンバーのお見舞いが岡部さんに「僕もラガーマンだ」ということを思いださせ、絶望から立ち上がるきっかけを与えたのである。

その後、岡部さんのことは九州へ出張があれば必ず岡部さんに会いに行っていた山口良治さん、東京で個展等があればこれまた多岐にわたり面倒を見ていた小林忠郎さん、いつもなにくれとなく気にかけていた多くのラグビー仲間たちが伝言ゲームのように次世代につなげていった。

73年からピエロをモチーフにした作品を発表し続けていた岡部さんは、2011年にニュージーランドでラグビーW杯が開催されるのを知り、ニュージーランドで個展を開き、できれば当時自分を激励してくれたメンバーとの再会を果たせればという思いを抱いた。NZUの選手たちの激励のおかげで画家を志し、このような絵を描けるようになった。ぜひともその絵を見てもらいたいという願いがあった。

もちろん岡部さんのことを知っていた私も、ラグビーの仲間として大切にしなければと考えていたので、ニュージーランドでの展覧会の話を聞いた時にはすぐに実現に協力しようと手を挙げた。

同じような思いは、多くのラグビー仲間にも共通していて、このときは慶應義塾大学ラグビー部OBで当時日本郵船のコンテナ事業部門のトップにいた楢岡孝武さんが、会社のCSR活動の一環として作品を船便でニュージーランドに運ぶなどの便宜を図ってくれ、とんとん拍子で話は進んだのである。

私も、駐日ニュージーランド大使館の宮崎智世さんに個展開催について相談に行ったところ、すぐに大使館のスタッフが、67年に来日して岡部さんを見舞ったNZUのメンバーが2名健在であることを確認してくれた。

11年に起こった東日本大震災直後の復興活動で一緒に働いた、当時の駐日ニュージーランド大使、イアン・ケネディさんも会場の選定などに尽力してくれて、岡部さんはその年にウェリントン郊外のパタカ美術館で個展を開くことができ、失意の日々に自分を見舞ってくれたメンバーやすでに亡くなっていた方たちの遺族に会うことができた。

そのオープニングパーティーには我々夫婦も出席してスピーチをさせていただいた。遺族の一人は「父は文明と会った時のことを繰り返し、自分たちに話してくれたので文明をとても身近な人と感じていた」と話し、もう1家族は「ここに父が文明に会った日のことが書いてある」と父親の遺品の日記帳を見せてくれた。そのような話を伺って、同じラガーマンとして彼らの深い思いに心を熱くした。この会をニュージーランドで行って良かったと思った。

その後、岡部さんは、12年に岐阜で二度目の国体が開催されるのに合わせて、かって自身が深刻な事故に遭った岐阜を訪れ、各務原市の呼びかけで個展を開いた。集まってくれた人たちの中には当時を覚えていた人も多く、岡部さんの芸術家としての再生を心から喜んでくれた。

私は、この二度目の岐阜国体の時から岡部さんと親しくお付き合いをするようになったのだが、ある時電話がかかってきた。

「ラグビー協会の会長にお会いできないだろうか」と言う話であった。

私は快諾して当時の会長だった岡村正さんとの面会をセッティングした。岡村さんが会長に就任したのは15年だったから、おそらくそのくらいの時期だ。

その席で岡部さんは「11年のW杯ニュージーランド大会に合わせて個展を開くことができたので、日本で開催される19年W杯の時にも、個展を開催することはできませんか」と言った

岡村さんは、即答で「検討しましょう」とおっしゃってくださり、個展を開催する方向が定まった。日

本ラグビー協会、神奈川県ラグビー協会や地元団体に協賛していただき、運営組織が整った。

私は主に資金集めを担当し、日本ラグビー協会事務局長の小西宏さんにも応援をお願いした。さらに妻がボランティアなど実務面の運営を担当するということで準備を始めた。まず「岡部文明2019展実行委員会」を立ち上げるため、森喜朗先生に会長を、岡部さんと同じ福岡県出身の白井善三郎さんに実行委員長をお願いし、お二方は快く引き受けてくださった。

岡部文明2019展実行委員会主催、神奈川県と横浜市が共催、地元の神奈川新聞社に事務局を置くということで関係各所が受け持ってくれた。さらに同社の元クロスメディア営業部の河原欣吾部長（当時）、川村真幸さんが広告、宣伝全般から、コピーのような細かなことまで準備一切を請け負ってくれることになった。また、神奈川県、横浜市ラグビー協会の会長以下全員が宣伝と会場ボランティアの協力を申し出てくれ、開催準備がスタートした。

開催期間は、19年9月13日、つまりW杯開幕の1週間前から11月3日まで。入場料は無料とした。個展を支えるコストをまかなうためのスポンサー集めにも苦慮したが、資金面で大きな力になってくれたのが、ラグビーW杯組織委員会の御手洗冨士夫会長と森喜朗副会長だった。お2人のご尽力を得て資金のメドがつき、実際の準備に入った。

最初に妻が飛び込みで相談に行った横浜芸術文化振興財団では、すぐにこの計画に興味を示し、開催に賛同してくれて、展覧会会場として横浜赤レンガ倉庫を提案してくれた。

横浜赤レンガ倉庫で開催された「岡部文明 2019 展」で岡部氏（中央）を囲んで。（後列左側）（2019 年）© 田村崇仁

また、赤レンガ倉庫が60日間という長期の契約、経費の相談にも快く協力を申し出てくれた時には展覧会の半分は達成されたと思った。

横浜市スポーツ局、神奈川新聞社、横浜銀行、神奈川・横浜ラグビーフットボール協会、そしてボランティアを募るための妻の友人達との打ち合わせが始まった。

オープン前日の12日には、会場の赤レンガ倉庫で手作り感満載のオープニングパーティーが開かれ、160名の関係各所の面々が出席、実行委員会会長森喜朗さんが、W杯開催直前の多忙な時間を縫ってスピーチをするため横浜までいらしてくれた。

ピエロを一生のテーマとして描き続けてきた岡部さんも、個展開催に尽力しているラグビー仲間のために、普段はほとんど描かないラグビーの絵を3枚も描き下ろしてくれた。

横浜周辺はW杯が決勝ラウンドに入ると、準決勝、決勝が日産スタジアムで行われることもあり、大勢の海外からのサポーターたちも訪れて、熱気があふれていた。

個展の方も神奈川新聞はもちろん大手新聞社、地元のタウンページなどの取材、みなとみらい周辺の飲食店をはじめとするお店、町内会、ＪＲの駅などがチラシを置いてくれたりするなどの協力をしてくれたことにより来場者も増えた。

連日満員のファンゾーンの運営に大忙しの神奈川ラグビー協会の方々が絶えず赤レンガ会場を気にかけてせっせと展覧会のことも宣伝してくださる一方、毎日、必ずどなたかがパンフレットの補充を兼ねて様子を見に来てくださった。神奈川新聞社に至っては広報全般、イベントに際してのこまごました準備、まさにかゆいところに手が届くようなサポートをしてくださった。

60人以上の市民ボランティアの人々は会場でラグビーについて聞かれることも多いため、ラグビーのルール、ワールドカップの試合状況、日本各地の予選開催地、また横浜についての情報ももちろん、展覧会を見に来てくれたお客さんに何を聞かれても良いように、また話しが弾むように勉強していた。英語で聞かれることも多かったが、全員がそれなりに自分の言葉で、横浜・日本の思い出の一コマが楽しいものであるようにという思いで、堂々と応対している姿に私も横浜のボランティアすごいぞと思った。

展覧会終盤、彼らにボランティア志望動機と感想を聞くと一様に、こんな世界的な大きな試合が横浜で行われるのだから何か協力したかった、ラグビーの魅力もよく分かったし、岡部さんの不屈の精神への感動、一つの目標に向かってあらゆる人たちが力を合わせて達成する楽しさも十分味わえて良かった！との返事が返ってきた。

そして期間中、一人のドタキャンもなく毎日毎日元気に会場の雰囲気を盛り上げているボランティアの姿を見ていた赤レンガ倉庫の職員たちが「感動した、すごい人たちだ」と賞賛してくださった。国内外の延べ８５００人以上の人が会場で熱心に絵を鑑賞してくれた、まさにもう一つのラグビーW杯だった。

19年ラグビーW杯の開催がここまでの成績と盛り上がりがあるとは、当初だれも想像していなかったが、期せずして、これも大成功だった岡部展の開催によってスポーツと芸術という二大文化が結びついたことは忘れてはならない。

W杯会場で朝早くから終電まであらゆる仕事を引き受けて働いていたボランティア、岡部展のボランティア、数多くの人々が、私が抱いた夢の実現を支えてくれた。

一つだけとても悲しく残念だったことは、９月29日に誰よりもこの展覧会の開催に責任を感じ、実行委員会事務局員として懸命に準備作業をしていた山下多恵子さん（前述の小林忠郎氏の長女）が急逝なさったことだった。しかし夫である山下忠氏（武蔵大学ラグビー部ＯＢ）長女の藍子さんが「妻、母がやり残したことだから」と都合をつけては会場に手伝いにいらしてくださった。ここにも約束は必ず守る、最後まで全力でやり通すというラグビー魂を見た。

２０１９年のW杯を振り返ったときに、スタジアムでの熱狂や興奮とともに私の脳裏に浮かぶのは、ラグビーのつながりが生んだ、この「もう一つのワールドカップ」なのである。

今は、２０２０年４月23日に71歳で亡くなった岡部さんの面影を偲び、ご冥福を祈っている。

18人が語る「ノビー」真下昇の肖像

私の人生を彩った多くの方々からご寄稿頂きました。感謝します。

W杯日本招致の功労者

日本トップリーグ連携機構　代表理事・会長　川淵三郎

最初に真下さんの名前を知ったのはラグビー日本選手権か早明戦のテレビ中継を見ていて、アナウンサーが日本でナンバーワンの真下レフェリーですという紹介があった時です。「マシモ」ってどんな字を書くのかなあと思ったことを鮮明に覚えています。

直接言葉を交わしたのはラグビー協会の専務理事になってからだと思います。

ワールドカップの招致活動がスタートしたばかりで町井会長が急逝され大変な時期でした。当時サッカー協会会長だった私が森元総理大臣からの依頼でラグビー協会の理事会に招かれ、遠慮なく意見を言って欲しいと頼まれました。確か日比野さんが会長代行を務めておられたと思います。

ワールドカップ日本開催を本格的に取り組もうとしているこんな大切な時期に会長代行はないでしょう。それでは世界にアピール出来ない。本気で招致したいのなら早く会長を決めるべきだと発言しました。当日専務理事だった真下さんは冷静に理事会を取り仕切っておられました。

２００３年1月東京で開催されたフォーラムの基調講演で真下さんが「W杯を日本に招致したい」と夢を語ったことが招致のきっかけだったようです。それがあれよあれよという間に本格的な活動にまで広がっていったという、そのフォーラムで真下さんが夢を語らなかったら日本開催などあり得なかったでしょう。

２０１５年日本トップリーグ連携機構の森会長から会長職を引き継いで欲しいと頼まれました。それまで森会長を支え続けて来た真下さんの存在をよく知っていましたから、安心して引き受けさせていただきました。今もその関係が続いています。今後ますますのご活躍を期待しています。

長距離走のヒーローだった真下君

小中高同期　群馬県倉賀野町　伊藤裕介

私は真下君とは群馬県高崎市倉賀野町の倉賀野小学校、倉賀野中学校、そして県立高崎高校と小中高を通して同じ学校で少年時代、青春時代を過ごしました。小学校のころはとにかく学校や家の近くで一緒に良くあそびました。中学になってから印象に残っていることがあります。倉賀野中学校では毎年、長距離を走る大会がありました。それも、校内のグランドを走るのではなく、街中を駆け巡るのです。この日、町民はこぞって沿道に出て応援するのですが、いつも先頭を颯爽と走っていた真下君は、小さな街でしたが有名人でした。高崎高校に入ると彼はラグビー部に所属し活躍しました。いわゆる進学校と言われておりそれほど運動部は強くありませんでしたが、ラグビー部は顧問の岡田先生の好指導を得て、国体優勝、全国大会４位などの実績を残しました。真下君は高校卒業後は東京教育大学に進みラグビーを続けましたが、高崎高校ラグビー部の同期には早稲田大学に進みウイングで活躍した菊田欣佑君、同じく早大でスタンドオフを務めた斉藤隆根君など優秀な選手がいました。

社会人になってから彼の結婚披露宴に出席したのですが、宴席にはラグビーオールジャパンのメンバーが多数出席しており、びっくりすると同時にその頃から彼がラグビー界でそれなりの地歩を築いていたのだということを実感しました。その後、60歳の還暦を祝い、倉賀野小学校、中学校の同期で草津温泉に行った時、バスの中や宴会の後に、真下君にラグビーのことについて語ってもらったのですが、日本のラグビーの将来について熱弁をふるわれ、私たち一同、真下君は単なるレフェリーではないと感じいったものです。25年も前のことでした。

レフェリーとしての真下君の姿で一番印象に残っているのは何といっても1987年の雪の早明戦です。テレビを通して真下君の雄姿を観て誇らしく思いました。お互いに歳を重ねましたが、健康に留意され、益々のご活躍をお祈りします。

かけがえのない仲間

高崎高校ラグビー部同期　菊田欣佑

真下君とは高崎高校ラグビー部の同期で、3年間ラグビーを通じて共に濃い青春時代を過ごした仲です。高崎高校は群馬県内一の進学校で、部活も盛んで活気があり〝文武両道の高高〟と言われていました。そんな中でもラグビー部は名将岡田先生（明大卒）の指導を受け、１９５５年（昭和30年）の神奈川国体で全国優勝を果たしました。真下君のポジションはバックスで、プレースタイルは一口に言えば〝技巧派〟。相手にあたることは極力避け、得意なパントキックなどで周りの選手を活かしていました。超高校級のスタンドオフだった斎藤君とのコンビは抜群で、ウイングだった私は彼らからのパスをノーマークで楽々受けて得点に結びつけるということが度々ありました。もう一つ印象に残っているのは、ミーティングなどで下級生ながら積極的に発言したり、また試合中でも常に前向きで「よしやるぞ」「だいじょうぶだ」などと声を出し味方を鼓舞していました。当時からリーダーシップに優れた人でした。卒業後、私は早稲田大学に進みました。真下君はどこに行くのかと思っていたら進学先は東京教育大学でした。その話を聞いた時「さもありなん。指導者を目指すのか。真下君の人柄からして指導者に向いている。」と思いました。結局彼は先生にはなりませんでしたが、ラグビー協会でレフェリー委員長や専務理事で活躍し、またワールドカップ日本招致でもキーマンであったと聞き、嬉しく大いに納得しました。真下君の最も良いところは、反対意見にも常に耳を傾けるという許容力があるところだと思います。私の知っている限り敵はいません。だから上下関係が厳しいラグビー界、スポーツ界でも頼りにされ、力が発揮できたのではないでしょうか。高崎高校ラグビー部時代は、土埃が舞うグラウンド、しかも野球部との共有でした。怪我も多く練習はきつかったですが、練習が終わってからはグランドの横のプールに皆で入ったり（これが本当の裸のつきあい）、学校の裏手にある高崎観音で遊んだりもしました。このような真下君等と過ごした3年間はかけがえのないものであり、11人の同級生は仲間中の仲間と言えます。あれから半世紀以上がたち、ついに生き残っているのは真下君と私の二人になってしまいました。会う機会も減ってきましたが、また会えばきさくにいろいろな話をしたいと思います。

東京教育大学時代のラグビーへの想い

東京教育大学ラグビー部同期　上原一明

私は高校時代、熊本の済々黌高等学校の陸上競技部で短距離選手をしていた。東京教育大学への入学を機に、母校の5年先輩でありフルバックとして活躍された山中先輩のところへ入学の挨拶に行った時に、先輩から食事に誘われ、保谷の合宿所へ連れていかれたのが、私とラグビーとの出会いであった。ラグビーの「ラ」の字も知らない私にラグビーの魅力を教えてくれたのが真下君であった。既に数人の新入生が入部し練習に参加していたが、彼はその中でも際立って見えた。彼は高校時代からのラグビー経験者であり、新人である私にラガーマンとしての心得を熱心に教えてくれた。対戦する相手チームへのリスペクトに始まりノーサイドに至るまでの選手としての有様をつぶさに語っていた姿を今でも鮮明に覚えている。時に大激怒されたことも幾度となくあったが、今では良き思い出である。彼はSOとして右へ左へ軽快なステップを踏み、的確な判断力と突進力は素晴らしく感服するばかりであった。おそらく彼のラグビーへの愛着心とそれを実現する為に練習に打ち込む努力に裏うちされたものに違いない。その分相手マークもきつく、よく負傷しては試合を欠場することも度々あった。夏合宿は山中湖畔の富士山のよく見えるグラウンドが常だった。私はWTBを預かっていたが、練習後の夜に彼に呼ばれ激しい叱責を受けた。「上原、もっと相手の動きをよく見ろ！」「走るだけが能じゃない！」「直進するのか？」「パスをするのか？」「キックをするのか？」彼のラグビーへの闘志は凄いものがあった。〝眼光紙背に徹す〟如くすべての妥協を許さず、ファイト剥き出しの強い信念の持ち主であり、身体は小さいだけに、その形相は鬼気迫るものであった。4年間WTBとしてポジションを守れたのも彼のお陰だと感謝している。卒業後、幾度か会う機会があったが、彼のラグビーへの情熱は変わるものなく健在であった。彼こそ日本ラグビーの発展のため活躍して欲しいと思っていたところ、「俺は日本ラグビーを世界に通用させるために…」と海外にもその足掛かりをつける話を聞いていた。現にワールドカップ日本開催をはじめ海外での試合の機会を広げ、日本ラグビーを世界の舞台へと押し上げた功績は大きい。今後の活躍と日本ラグビーの益々も発展のため寄与してくれることを心より願うばかりだ。

レフェリーは風のように

元日本協会公認レフェリー　下井真介

「いつも通り吹けば大丈夫だぞ！」1998年ワールドカップ予選と同時に開催されたアジアBグループファイナルのキックオフ前、扇風機もクーラーもないシンガポールの競技場のレフェリールームで、声をかけてくださり、そのまま座席へ。テストマッチの緊張感で平常心を失いそうな時間に、真下さんからの一言は、自分にとって大きな自信になりました。

私がレフェリーを始めた頃は、真下レフェリーは雲の上の人。テレビで観戦すると真っ白なジャージで登場しビッグゲームを担当される神のレフェリーでした。自分がB級レフェリーとなり秩父宮で真下レフェリーが担当の試合を観戦する機会がありました。試合後、喫茶店でのレフェリーの反省会に参加し、真下さんとお話する機会がありました。名前も知らない私にもお話をして下さったことは今でも鮮明に覚えています。その後、真下レフェリーが担当される時に、レフェリールームでの試合前の緊張感を体験することができましたことは、私にとっての財産になっております。真下さんがいろいろなお話をされた中で印象に残り、自分のレフェリングの基本となっている言葉があります。それは「レフェリーは風のように!」「レフェリーが動く時はボールが動く時」という言葉です。この言葉は、今後、ラグビーのプレーが発展しても、レフェリングの基になると信じています。真下さんにご教授いただいたことは、私のレフェリー人生の礎になっております。感謝の気持ちでいっぱいです。これからも吹いていきたいと思っています。

若手レフェリーの手本

元日本協会レフェリー委員長　岸川剛之

私の学生時代の真下さんはトップレフェリーとして活躍をされていました。真下さんがレフェリーを担当され1984年関東大学リーグ戦(公式戦)日本大学対関東学院大学戦で、私がタッチジャッジをした時が真下さんと初めて接する機会でした。その時はお話をした記憶がありませんが、翌1985年に大学がトップレフェリー真下さんを招き、ルール講義をしていただいた時に話をさせてもらったことを覚えております。レフェリーを本格的に始めた頃、夏に行われる長野県菅平高原の自主トレーニングで、真下さんに事細かく指導をしていただきましたことが励みになり、レフェリーを続けていくモチベーションになりました。研修会等では厳しく指導をされていましたが、個人に対しては常に気にかけておられました。真下さんが日本協会のレフェリー委員長をされていた時の研修会で、「毅然とした態度でピッチに立ち、試合後は様々の方からの意見に真摯に耳を傾けることが大事だ。」と教わったことは今でも心に留めております。当時のレフェリーウエアは綿素材で白のジャージ・短パン・ストッキングを着用していましたが、毎回短パンやジャージの襟をアイロンがけし、汚れのないウエアと綺麗に磨かれたスパイクを履かれて試合に臨む姿勢は若手レフェリーの手本とされていました。私が日本協会の理事会でレフェリー委員長に任命された時、心配になったのか真下さんから一番に電話でご連絡をいただき、何かあったら直ぐに連絡をしてこいと声をかけていただけたことに感謝しております。

ノーサイド直後の握手

埼玉パナソニックワイルドナイツGM　飯島　均

オールドラグビーファンの間では語り草となっている1991年1月8日、東京・秩父宮ラグビー場、

第43回全国社会人大会決勝、悲願の初優勝を狙う我が三洋電機と3連覇を目指す宿命のライバル神戸製鋼との闘い。この物語のヒーローが、ロスタイムに〝奇跡のトライ〟をゴール中央に奪った神戸製鋼のイアン・ウィリアム選手であり、そのお膳立て（ラストパス）をした平尾誠二主将であることに全く異論はありませんが、真下レフェリーと私（主将）も、この物語をつくる重要なバイプレーヤーであったと思います。トライ後のコンバージョンを細川選手が蹴るまでの約1分間、私はラグビーの主将として、ノーサイド直後にどのように立ち振る舞うべきかだけを考えていました。逆転負け（16—18）となるゴールキックが決まり、誰よりも先に、真下レフェリーに試合のお礼を行うことが私の選択であり、その時の真下レフェリーの鋭い眼光と強く握りしめた握手が、当事者でなければ分からない感情であり、今でも強く印象に残っています。この経験、選択は私の人生の岐路であり、その後の真下さんとの関係や私のラグビー人生に大きな影響を与えています。真下専務理事は、日本ラグビー途上期であった２０００年の向井ジャパン誕生(私もコーチとして参加)に奔走され、２００２釜山アジア競技大会では国内強豪チームの賛同が得られず、ギリギリの人数で遠征を行うなど、苦労もありましたが、真下団長と毎朝のプールトレーニングをご一緒させていただいたことは良い思い出です。２０１９年ラグビーワールドカップ日本開催を契機に、ここ数年、日本ラグビーは開花期を迎えているように見えますが、真下さんの広いネットワークと行動力、心遣いが、日本ラグビーの発展に大きく貢献していることに疑う余地はありません。いつまでも颯爽とした真下さんでいらしてください。

力いっぱい頑張って来い

元ラグビー日本代表　大野　均

真下さんは、私が東芝府中ラグビー部に入団した時に、すでに協会の専務理事としてご活躍されていました。初めてお話させていただいたのは、2004年に日本代表に初選出されて、ヨーロッパ遠征出発前の激励会だったと覚えています。まだ若手だった私に、「力いっぱい頑張って来い」と力強い言葉をかけていただきました。しかしながら、その時のヨーロッパ遠征は、大惨敗続きの不甲斐ない結果に終わってしまいました。遠征最終戦となったウェールズ戦には真下さんも現地観戦にいらっしゃっていただきました。試合後、宿舎で選手、スタッフとビール片手にそれぞれの労をねぎらっていると、そこに真下さんも参加してくれて、我々と気軽に乾杯していただき、辛かった遠征の疲れを少し和らげてくれました。その後2007年のワールドカップの最終戦にも来ていただき、最終戦でカナダと引き分けた後の打ち上げでは、我々選手の日当を上げてくれる粋な計らいもいただきました。2019年のワールドカップ日本開催の誘致に大きくご尽力されていることは、選手にも伝わっており、2015年を戦った日本代表の選手たちは、せっかく真下さんらが持ってきてくれた2019年自国開催のワールドカップを成功させる為にも、2015年の大会で何かしらの良い成績を収めなければ、自国開催のワールドカップの成功は成しえないという危機感を抱いていたからこそ、エディージョーンズの課すハードワークを乗り越え、南アフリカ撃破、そして3勝を挙げることが出来たと思っています。そして、そのハードワークが、今の日本代表の礎の一つとなっています。

〝ラグビー憲章〟策定を通して

東海大学教授　勝田　隆

真下さんには、長きに渡り常に温かく、多くのご指導をいただいている。その中で、世界ラグビーの歴史的な取り組みに関わるエピソードを紹介したい。これは、ラグビーの競技規則の基準を示す「ラグビー憲章」に関する策定に関わらせていただいたエピソードである。

「ラグビー憲章」策定の第1回会議は1996年ロンドンで開催され、これに真下さんをリーダーとして、河野一郎氏、平尾誠二氏、そして勝田が参加した。当時、世界のラグビーは、大きな変化と向き合っていた。たとえば、(当時の)国際統括団体IRFBは、アマチュアリズムの撤廃を示す「オープン化宣言(1995年)」を行い、また、1996年には、豪州、NZ、南アの3協会が、SANZARという合弁事業を設立するなどの動きもあった。このような状況の中、IRFBは、1997年に1886年以来の名称を「国際ラグビー評議会(IRB)」に改称し、「ラグビー憲章」を発表した。この憲章の策定に真下さんをリーダーとし参加した。会議では、ラグビーを未来から託された各国参加者たちの白熱した議論が展開された。「ラグビーゲーム」に関する本質的なテーマでのデイスカッションが求められるなど、さまざまな議論を経て「ラグビー憲章」は生まれた。そこに謳われた「多様性」「公平性」「安全性」、そして「プレーする喜び」

などの原則は、ラグビーゲームの重要な基盤として今日に至っている。この会議に参加した私たちは、真下さんのリーダーのもと真剣に向き合った。その光景は今も、鮮明に脳裏に刻まれている。歴史的会議をリードし貴重な経験と学びの機会を与えてくださった真下昇さんに心から感謝したい。

二人だけの食事の思い出

日本ラグビーフットボール協会専務理事　岩渕健輔

真下さんには、学生時代から今に至るまで長い間ご指導をいただいてきた。今も、定期的にお時間をいただきご相談させていただく時間は、私にとって、とても貴重な時間だ。ＲＷＣ２０１９の招致、その前後のさまざまな出来事のお話は、とても印象に残っている。

真下さんとのお時間で、特に印象に残っているのは、今から10年以上前、アジアラグビーの会議でご一緒したバンコクでの数日間だ。

アジアラグビーの難しい会議が終わった後、中華料理レストランに二人で向かい、大きな円卓がいっぱいになる程、料理を注文いただいた。後からどなたかご一緒されると思っていたが、結局どなたも現れず、沢山の料理を二人で黙々と食べたことを今でも覚えている。

なぜあんなに注文されたのですかという質問に、沢山食べるやつは信用することにしている、というお答えがあり、それから真下さんと食事をご一緒する際は、十分な準備をして臨むことにしている。

翌日朝、真下さんは、バンコクの空港からお一人でアイルランドで行われるワールドラグビーの会議に向かわれた。お一人で向かわれるのですか、とお聞きすると、どこにでも一人で行くことにしている、とお返事をいただいた。

颯爽とゲートに向かわれた真下さんと同じ立場に自分が就くとは思いもよらなかったが、バンコクで真下さんとご一緒した後からは、沢山食べ、どこにでも一人で行くようにしている。そして今でも海外出張で世界のラグビー関係者に会った時にあいさつ代わりに必ず声を掛けられることは「ノビーは元気にしているか」ということだ。そのこと自体が真下さんが世界中で築かれた人脈が２０１９年Ｗ杯日本開催に導いたことの証だった思っている。

「ノビーは元気か？」世界に残したプレゼンス

日本ラグビーフットボール協会国際部　藤田ふみ

私は、自分が大学3年の時に日本ラグビーフットボール協会国際部でのアルバイト勤務をすることになった時から、真下さんに様々なことを教えて頂き、大学卒業後に職員として採用していただいてから今日に至るまで、大変にお世話になりました。職員になりたての頃は、社会人としての心得に乏しかった私を、時に厳しく、しかしながら非常に温かく指導してくださり、国際業務とは別に社会人として必要な根幹的な部分の多くを学ばせて頂きました。私が、英語力や国際業務力の研鑽のために職員を辞め海外留学を決意した際には、快く、また手厚く、送り出して頂いたことはいまでも感謝しております。留学から戻りしばらくしてから再び協会国際部のお仕事に携わらせて頂くこととなり、ラグビーワールドカップの招致、ラグビーワールドカップ２０１９年大会の準備開催と、真下さんのご尽力とフットワークで日本ラグビーに様々な追い風が巻き起こりましたが、そのご様子をおそばで拝見する機会に恵まれ、真下さんの丁寧な対外関係構築の姿勢や情の厚さが、世界各地で日本の招致を応援してくれる味方を生んだ瞬間を、沢山目の当たりにしたと思います。今もなお、私が日々国際業務で接する海外のラグビー関係者が、ことあるたびに他の誰でもなく「ノビーは元気か?どうしているか?」と訊いてくることは、真下さんが世界に残した日本ラグビーのプレセンスと、ご自身のご尽力の功績を物語っているのではないでしょうか。

真下チルドレン

ワールドラグビー（ＷＲ）　松尾エイミ

出版のお話を伺った際は、これまで真下さんにラグビーＷ杯日本招致活動の軌跡を執筆していただきたいという我々『真下チルドレン』の願いが遂に叶ったと思い、喜びもひとしおでした。真下さんとの出会いは２００４年のラグビーＷ杯２０１１大会招致時でした。ラグビーの知識もなく、社会人としてもままならない私に対して、当時の日本でトップ10に入るほど忙しい方が厳しくも優しく指導してくださったおかげで今の自分があります。

親子以上の歳の差がある方々と一緒に働くこと自体が非常に珍しい今の時代、W杯招致をサポートさせていただいたこと、同じ目標と夢に向かいながらも悔し涙を共有したこと、今も私の中でかけがえのない思い出です。2回目の招致活動を経て、2019年に遂に念願のラグビーW杯が日本で開催されたのは真下さんはじめ、招致に携わられた皆様のご尽力のおかげです。私は2019年のラグビーW杯開催時、東京五輪のラグビーのスポーツマネージャーとして従事しておりましたので、業務としてラグビーW杯に関わることはありませんでしたが、一観客として最高のひと時を過ごすことができました。かつてラグビーW杯を招致していた際は、街中や電車が日本代表のジャージを着用した人たちで埋め尽くされることを夢見ておりました。その夢を実際に体験した際の感動は、計り知れないという表現では足りないほどです。ラグビーW杯日本開催を目の当たりにしてあらためてスポーツの力を実感しました。現在もラグビー業務に従事しておりますが、自身のラグビー原点を忘れず、真下さんの日本人らしい、人に対する気遣いや配慮、強いリーダーシップを目標に邁進する所存です。真下さん、ラグビーW杯を日本に招致していただき、本当にありがとうございました！

真下さん—ラグビーW杯招致の思い出

元電通スポーツ担当執行役員／元ラグビーW杯2019組織委員会事務総長代理　鶴田友晴

私と真下さんとの出会いは、2003年にオーストラリアで開催されたラグビーW杯の決勝戦を一緒に視察に行った時に始まる。

当時真下さんはラグビー協会の専務理事、私は電通のスポーツ局長を務めていた時期である。真下さんはラグビーW杯の日本招致を夢見ていた。オーストラリアの視察には真下さんと私の他に、町井日本ラグビー協会会長（当時）森元首相（町井さんの後任の会長）他協会関係者数名であった。

決勝戦の会場は超満員だった。「ワールドユニオン」のメロディーが流れる中、観衆はイングランド対オーストラリアの激闘に酔いしれていた。

ウィルキンソンの劇的なドロップゴールは夢を見ているようだった。我々は興奮した。

何が何でもこのイベントを！ラグビーW杯を！日本で開催するんだとの思いが真下さん、森さん、町井さんをはじめ私達の心に募り震えていた。

それから苦節6年、2009年ついに2019年ラグビーW杯日本開催が決まった。しかしそれまでの間、様々な紆余曲折があった。そもそも当初は2011年日本開催を目指していたが、2005年ダブリンで行われた投票でニュージーランドに僅差で敗れた。この敗戦はこたえた。何故勝てなかったのか？　どうすれば勝てるのか？　大会予算や会場計画の見直し、何よりも投票権を持つWR（ワールドラグビー）の理事の方々に日本開催の意義と開催能力がある事を理解してもらう事が重要だと、改めて思い知った。私はこの時期から残念ながらこのプロジェクトから身を引いていたが、真下さん、森さんのお二人を中心に粘り強く招致活動が継続された。その結果2019年日本開催を勝ち取ることが出来た訳であるが、私はこの成果の根底には、真下さんの執念があったと思う。当時日本にラグビーW杯を招致しようと考える関係者は少数だった。多くの人は実現できる訳がないと思っていた。それが日本ラグビーの実状だった。そんな状況の中で敢然と挑戦を始めたのが真下さんだった。

真下さんは諦めなかった。この執念があったからこそ2019年ラグビーW杯日本開催が実現したと私は思っている。

そんな真下さんとW杯招致や2019年の大会運営に一緒に携わる事ができたのは、私にとって人生最大の僥倖であったと思っている。真下さんありがとうございました。

私たちの〝ボス〟をいつまでも

日本トップリーグ連携機構専務理事　市原則之

真下昇さんは、私が1989年に日本ハンドボール協会の役員になった頃には、既にスポーツ界で名声を博しておられましたが、テレビ画面で名レフェリーぶりを拝見したり、何かの会合でお見かけしたりする程度の知見でした。その後、親しく接するきっかけとなったのはラグビー出身の河野一郎さんでした。2000年のシドニーオリンピックの前後、私は河野さんと団体球技の連携を図り、サッカーの田嶋幸三さん、女子バスケの安達宣郎さん、ラグビーの勝田隆さんや故平尾誠二さんたちと活動を始めましたが、真下さんにはラグビーを束ねるボス的存在として、連携活動を力強くサポートしていただきました。その延長で、2005年に当時女子バスケットリーグの麻生太郎会長の提案で、団体球技9リーグで「日本トップリーグ連携機構」を立ち上げ、その会長にラグビー出身の森喜朗元総理にお願いすることになり、不肖私が専務理事を拝命しました。そこで、真下さんに副専務理事をお願いして私をフォローしていただくことにしました。その後、現在の川淵会長に至る20年近く、真下さんはレフェリングで培われた眼光の鋭さと軽快なフットワークで「機を見て敏、事を決するに断」と優れたガバナンス力を発揮され、私を支えていただいております。一見、強面（こわおもて）ですが、義理堅く情の厚いところは上州人そのもので、カラオケ好きな好々親父ぶりは誰からも慕われ、スポーツ界になくてはならない人と皆が認めています。今後もご健康に留意され、いつまでも私達の「ボス」を続けて欲しいと願っております。

豪放磊落

日本スポーツ協会専務理事　森岡裕策

まさに心が広く、小さなことにはこだわらない「豪放磊落」、私たち後輩の面倒をよく見ていただき、ここという時に頼りになる「親分肌」、という言葉がぴったりと当てはまる方が真下さんであると思っています。真下さんのお名前は、大学ラグビー部で福岡県立八幡高校出身の同級生から国際審判員として活躍されている先輩がいるという話を聞いたのが確か初めてであったと記憶しています。さらに、同じく大学バレーボール部で群馬県出身の同級生と3年、4年時にルームシェアをした際、その彼は、県立高崎高校で真下さんの後輩でそこでもお名前を聞いていて、直接お会いする前から、こちらが一方的に親近感を感じていました。その後、長い年月を経て、2011年ラグビーW杯の日本招致の際、2002年に完成した新たな首相官邸で当時の小泉総理の招致ビデオメッセージ撮りを行う際、ご一緒させていただくことがありました。その時の印象は、何としても日本にラグビーW杯を持ってくるんだという熱量とひたむきさをひしひしと感じたのを覚えています。また、我が国のボールゲームのトップリーグの横の連携を図る組織を作り、2006年には第1回のボールゲームフェスタを私の出向先の和歌山県で開催していただきました。ラグビーはもとより、他のボールゲームの活性化にもご尽力されていた姿を身近に拝見しました。そして、2015年（英国）、2019年（日本）のラグビーW杯が同時に開催が決定し、日本招致を成功させ、2019年大会自体も大成功に導いたことはご承知のことと思います。そのような中、現在、私の現職のかかわりでは、これまでJSPO競技団体評議員連合会会長として、競技団体間の種々の調整や取りまとめなど幅広く活動していただいています。その活動においては、それぞれの利害や意見が衝突する中にあって、個人や組織としての立場を理解した上で、調整や折衝をしていただくなど、まさに真下さんでしか出来ないお仕事を行っていただいております。

今後とも、大所高所からのご指導、ご鞭撻を願っています。

紳士的で頼りがいのあるリーダー

ソフトボール元日本代表監督　宇津木妙子

真下昇さんはソフトボールとラグビーで競技こそ違いますが、頼りがいのあるスポーツ界の大先輩です。競技の特性もあるのでしょうが、ラグビー出身らしく紳士的な振る舞いで周囲の人望が厚く、おおらかな一面もあってリーダーの資質をいつも感じています。

そして何と言っても世代や年齢の壁を越え、信頼してついて行ける人。ジェンダーバランスも高く、昔から女性にも分け隔てなく接してくれ、何か相談しても自然体で受け止めてくれるような懐の深さがあります。

ラグビーのトップリーグ初代チェアマンであり、ワールドカップ（W杯）日本大会の招致成功の立役者にもなった行動力とマネジメント力は、そんな人間性がなせる技だったと思います。さまざまな団体球技が参加する日本トップリーグ連携機構の会議でもご一緒することが多いですが、自分の意見を主張しながら、他の声にも耳を傾け、裏方にも徹することができる姿勢はまさに尊敬に値します。そうした元トップレフェリーらしい、裏表のない振る舞いが海外でも信頼を勝ち取ったのでしょう。

私は群馬県高崎市を拠点にするソフトボールのチームで長らく指導し、今も競技普及や後進の指導で国内外を飛び回る日々ですが、真下さんとは「群馬」でつながる共通項もあります。群馬ゆかりのスポーツ界の人が定期的に集まる「赤城の会」にも呼んでいただき、楽しい時間を過ごしました。今後も切磋琢磨しながらラグビーに負けず、ソフトボールも発展させていきたいと願っています。

開拓精神と人脈交流を学ぶ高崎高校の大先輩

共同通信社運動部デスク　田村崇仁

創立120年を超える群馬県立高崎高校の大先輩である真下昇さんからは、いつも「高高（たかたか）」（高校の愛称）のバンカラ気質に育まれた開拓精神と伝統がつなぐ世代を超えた人脈交流の大切さを学んできました。「夢のまた夢」だったラグビーのワールドカップ（W杯）招致に成功した軌跡には、大きな壁に挑む「突破力」だけでなく、真下流の「交渉術」が支えにあったと感じています。「雪の早明戦」など数々の名勝負で笛を吹いたラグビーの名レフェリーとして名をはせ、スポーツ界でも「公正なジャッジ」を求められて不祥事の調査委員会や役員人事の選考委員会でトップの座を務めてきた重鎮。約20年前にスポーツ取材を通じて初対面で挨拶させてもらった時は、鋭い眼光で「おー、高高の後輩か」と言われて緊張で固まったのを覚えていますが、35歳の年齢差を超えて日を追うごとに関係が深まっていきました。2022年秋の叙勲で旭日小綬章に選ばれた真下さんは人生の原点という「高高」人脈も幅広く、定期的に開かれる「赤城の会」と呼ばれるスポーツ界の宴席では、国際弁護士からメディア関係者まで多くの高高OBや群馬ゆかりの方が顔を出します。「黒潮会」と名付けられた定期的な「高高同窓会」の宴席もあり、真下さんを中心に政財界の著名OBも参加し、スポーツの話題や高下駄で登校したバンカラな高校時代の武勇伝に花を咲かせます。そんな壁を越えた真下流の人脈づくりが海外では「ノビー」の愛称で親しまれ、ラグビーW杯の日本初開催につながったと確信しています。

真下さんとの思い出

参議院議員　橋本聖子

真下さんには約25年来大変温かいご指導を頂いております。夫が警視庁ラグビー部でプレーをしていたこともあり、家族団欒の際、ラグビーが話題になることが多くありました。夫は、私より先に真下さんと出会っていたことを自慢していて、真下さんが審判をつとめた試合を懐かしそうに話してくれました。

「眼光鋭い真下さんは怖かった。そして真下さんが笛を吹く試合は、身が引き締まった。」

この印象のまま真下さんに初めてお会いした時は、とても緊張したのを覚えています。でも、話すととても優しく対応してくださいました。

真下さんは、不屈の努力、献身、リーダーシップ、仲間への尊重、そして卓越したスキルを持つレジェンドです。挫折に屈することなく、困難を乗り越えて成功への道を切り拓きました。

現在、仲間が集まり、定期的に真下親分を囲む会を開催しています。日本スポーツ界の将来、スポーツの重要性、意義や価値、貢献など幅広くアドバイスをいただき、とても勉強になります。特に東京オリンピック、パラリンピック大会の際には、困難な時こそやり通さなければならない責務があることをご理解くださり、導となって私達が進む道を指し示してくださいました。あの時の真下さんの眼差しと力強い励ましがありがたく、深く感謝いたしております。今後ますますのご健勝とご活躍をお祈りしています。

あとがき

これまでの自分のラグビー人生を振り返ると、本当に多くの人に恵まれ、そして助けられて、さまざまなことができたと、心から思う。

群馬県立高崎高校ラグビー部でこの競技に出会って以来、東京教育大学で、そして就職したドッドウエルで、心の通じ合う仲間とともに現役プレーヤーとしての貴重な時間を過ごすことができた。

プレーヤーを引退してからは、レフェリーとして多くの国際試合や日本協会主催の主要ゲームに立ち会う機会をいただき、その中でラグビーという競技への理解を深めていった。数多くのラグビー仲間の知遇を得たことは私にとって長い人生の上でかけがえのない財産となった。

54歳でレフェリーを退き、関東ラグビーフットボール協会や日本ラグビーフットボール協会で役員としてこの競技の運営に携わるようになってからは、本文でも述べたように、日本ラグビーを活性化させるべくジャパンラグビートップリーグの立ち上げに関わり、さらにはW杯という規模の大きな、ラグビー界最高峰の「お祭り」を日本で開催することができた。

そのW杯も大成功に終わり、やれるだけのことをやったという充足感も得た。

2022年11月3日には、スポーツ振興に貢献したとして旭日小綬章を受章する栄誉にも恵まれた。身に余る光栄とはこのことだろう。

しかし、すべては、私とともにラグビー活動を通して苦労を重ねた多くの人たちの存在があったからこそだ。その意味では、私は本当にさまざまな人に助けられてきた。あまりにもたくさんの人に助けられたので、ここにすべての方のお名前を挙げることはできないが、この場を借りて改めて感謝の気持ちを捧げたい。

一例を挙げれば、ラグビーW杯2019組織委員会の嶋津昭事務総長、鶴田友晴事務総長代理をはじめとする多くのスタッフのみなさんは、本当に良い仕事をして大会を成功に導いてくれた。本文では苦言めいたことも書いたが、その仕事ぶりにはいくら感謝してもしきれない。

日本ラグビー界の組織改革では師と仰ぐ白井善三郎元専務理事の教えが大きな支えになった。日本ラグビーフットボール協会の実務を取り仕切る専務理事時代には、急速に変化する時代に合わせて組織運営の手ほどきを受け、選手強化と国際化を推進してきた。

そして、何よりも日本ラグビーフットボール協会の評議員であった時代から、ラグビーをサポートし、さまざまな場面で大きな仕事をしてくださった森喜朗元内閣総理大臣には、どれほど言葉を重ねても足りないほどの、感謝の気持ちを抱いている。

04年に当時の日本協会会長の町井徹郎さんが亡くなり、日比野弘さんが会長代行を務めていた頃、私は伝手をたどって森さんにラグビー協会会長に就任する気持ちがあるかどうかを探ってもらったことがある。そこで感触がありそうだという情報が得られて、私は森さんの事務所に伺った。

そして、率直に気持ちを伝えた。「先生、ラグビー協会の会長を引き受けていただけませんか」と。

その時、森さんが「名誉なことだ」と即答して会長職を引き受けてくださったことは、今でも忘れられない思い出だ。それから、森さんの日本スポーツ界での活躍が始まったと記憶している。

さらに、W杯を日本に招致するための国際的な舞台でも、森さんの存在感は大きく、私たちを非常に助けてくれた。

特に、11年W杯の日本招致がニュージーランドに僅差で敗れた翌日、現在は「ワールドラグビー」と名前を変えた国際ラグビーボード（ＩＲＢ）のシド・ミラー会長（当時）に、「これが民主主義の先進国である英国がやることですか？」と詰め寄った場面は、まさに世界に対して「日本に森喜朗あり」を印象づけた場面であり、強く記憶に残っている。

世界のラグビー界に君臨するトップに、ラグビーのグローバル化を強く迫ったこの一言が、その後の招致の行方に大きな影響をもたらしたと私は思っている。

森さんのこうした存在があったからこそ、19年W杯が日本で開催されたのである。

同時に、御手洗冨士夫さんのような大物財界人を組織委員会のトップに据えることができたのも、森さんという存在が大きかったといえる。おかげでＩＲＢからの高額なトーナメントフィーにも対処することができたし、結果として大会はしっかりと黒字を残して、成功裏に幕を閉じた。

私自身の、ほとんど思いつきとも言えるような「日本にW杯を招致します」という発言は、森さんをはじめ、多くの方々に支えられ助けられて、実現したのである。

人間が1人でできることには限界がある。

しかし、さまざまな人たちの協力を仰げば、実現できることの幅は大きく広がる。

私自身も、W杯を日本に招致するために「当たって砕けろ」の精神で、最初は誰も相手にしてくれなかったIRBを構成する各国協会を何度となく訪問した。そして投票権を持つIRBの理事たちに会議でプレゼンテーションを続け、一途に日本でのW杯開催が「ラグビーのグローバル化」のためにもなると言い続けてきた自負はあるが、それも、有形無形に周りの人たちの応援があったからだと心から思う。私が招致活動で海外の事業に多忙を極めていた折、国内の事業の一端を副会長であった和田文男さんにサポートしていただいた。まだ海外各国を訪問の折には矢部達三会計役にも同行をお願いした。通訳の徳増浩司さんには海外訪問の段取りを多く整えてもらった。

多くの仲間の皆さんにはいくら感謝してもしきれない。心よりありがとうと申し上げたい。

そして、本書を出版するにあたり、フォート・キシモト顧問の松原茂章さん、共同通信社運動部デスクの田村崇仁さんに編集協力をいただいた。また創文企画の鴨門裕明さんには何度も原稿の差し替えに気持ちよく応じてもらった。この場を借りて厚く御礼申し上げたい。ありがとうございました。

最後に、日本ラグビーの将来にも少し触れて、結びとしたい。

23年9月8日（日本時間9日未明）にフランスで開幕した10回目のW杯で、前回のベスト8を上回る成績を目指した日本代表は、残念ながらイングランド代表、アルゼンチン代表に敗れてプールD3位に終わり、次回W杯の出場権は獲得したものの決勝ラウンドには進めなかった。

選手たちが日々努力を重ね、実力をつけて、自信と覚悟を持って臨みながら目標に届かなかったことは、改めて日本ラグビーにとって世界の壁が厚いことを示している。

今後は、国内の選手強化の地盤を強化し、さらに科学的な分析を踏まえて選手たちの力を伸ばすことが、日本ラグビーが世界トップレベルを目指す上で必要になるのでは、と私は考えている。特に、パワー対パワーの力勝負とスピーディーな展開が主流となった現代のラグビーで、日本はどう戦うのか。そうした難問にも答えを出していかなければならないだろう。国内のリーグを盛り上げて活性化し、より興味深いリーグ運営を目指して参加各チームと協調して多くのファンを獲得する策を常に考えておかなければならない。

日本は、19年W杯を成功させたことで、もはや「Far East（極東）」の国ではなく、世界のラグビー界から頼りにされる国になりつつある。その証しとして既に最上位カテゴリーの「ハイパフォーマンス・ユニオン」のメンバーとして認められている。そうした地位の向上を自覚しながら、これからは協会を運営していかなければならない。時のたつのは早い。そろそろ次の35年W杯日本開催の準備をすべき時期に来ているのではないか。そのためにも、これからの協会運営に携わる人たちには、世界の中でリーダーシップを発揮できるよう、果敢にチャレンジをしてもらいたいと思っている。私はこれまでの人生で、ものごとは最後まであきらめないことが一番大切だと実感した。

そして、いつか日本が世界のラグビーのリーダーになる日が来ることを願っている。

叙勲パーティー（2023年2月9日）
©フォート・キシモト

叙勲パーティー、森喜朗氏挨拶
（2023年2月9日）©フォート・キシモト

叙勲パーティー、川淵三郎氏挨拶（2023年2月9日）©フォート・キシモト

叙勲パーティー、土田雅人氏挨拶（2023年2月9日）©フォート・キシモト

国民大会大会ラグビー競技、天皇皇后両陛下へのご説明

外国人との交流。中央はジョン・カーワン

2023年W杯フランス大会、日本対イングランド（2023年9月18日）©共同通信社

ジョン・ハワード　オーストラリア首相（右）と（2003年）

資　料

ワールドラグビー会長ビル・ボーモント卿からの自筆のレター

日本ラグビーフットボール協会森重隆会長（当時）宛の小生の功績を評価して頂いたレター

WORLD RUGBY

Mr. Shigetaka Mori
President
Japan Rugby Football Union

11 August 2021

Re: Noboru Mashimo

Dear President Mori,

On behalf of World Rugby, I am delighted to fully support the recommendation of Noboru (Nobby) Mashimo by the Ministry of Education, Culture, Sports, Science and Technology, for a decoration in recognition of his contribution to Japanese rugby/sports.

Nobby served as representative of Asia Rugby on the supreme decision making body of World Rugby, the Council, from 2007-2011. In 2009, the World Rugby Council made the decision to award Japan the hosting rights of Rugby World Cup 2019. Nobby played an integral role in ensuring success for Japan in this most critical Council decision. His integrity in dealing with colleagues won him respect and he was very well regarded by all who worked with him on Council.

Even when Nobby finished on Council in 2011 he remained in contact with many at World Rugby and was always available to assist as we prepared for RWC 2019.

Nobby was a wonderful ambassador for Japan and Asia during and post his time on Council. The Game is very fortunate to have administrators like Nobby who have assisted in the growth and development of the sport.

Yours sincerely,

Bill Beaumont

Sir Bill Beaumont CBE DL
Chairman

BUILDING CHARACTER SINCE 1886

World Rugby House, 8-10 Pembroke Street Lower, Dublin 2, D02 AE93, Ireland
+353-1-2409-280　bill.beaumont@world.rugby　**www.world.rugby**

SPORT IN THE OLYMPIC PROGRAMME

親愛なる森重隆会長へ

ワールドラグビーを代表し、真下昇氏（ノビー）の日本ラグビー界およびスポーツ界への貢献を称え、文部科学省から叙勲の推薦があったことを全面的に支持することを嬉しく思います。

ノビーは、2007 年から 2011 年まで、ワールドラグビーの最高意思決定機関でアジア代表を務めました。2009 年、ワールドラグビーはワールドカップ 2019 の開催権を日本に授与する決定を下しました。ノビーは、この最も重要な決定において、日本の成功に不可欠な役割を果たしました。彼の同僚との誠実な対応は尊敬を集め、共に働いたすべての人々から非常に高く評価されました。

2011 年にノビーが理事を退いた後も、ワールドラグビーの多くの人々と連絡を取り合い、RWC2019 の準備のためにいつも支援を惜しみませんでした。

ノビーは在任中もその後も、日本とアジアの素晴らしいアンバサダーだったのです。このスポーツの成長と発展に貢献してくれたノビーのような実行者がいることは、ラグビーにとって非常に幸運なことです。

敬具

ワールドラグビー会長　ビル・ボーモント卿

2022 年　旭日小綬章受章祝い

WORLD RUGBY

November 10, 2022

Noboru Mashimo
Former World Rugby Council Member
c/o Japan Rugby Union

Re: 2022 Autumn Conferment of Decorations – Noboru Mashimo

Dear Nobby,

On behalf of World Rugby, we wish to congratulate you on having the Order of the Rising Sun, Gold Rays with Rosette conferred on you. It is very well deserved, you certainly have made an enormous contribution to Japan Rugby and to sport in Japan and across Asia.

I was very happy to support your recommendation for this prestigious decoration. You were an outstanding referee and I have fond memories of when you were a World Rugby Council Member.

Sincerely,

Sir Bill Beaumont CBE DL
Chairman

BUILDING CHARACTER SINCE 1886

World Rugby House, 8-10 Pembroke Street Lower, Dublin 2, D02 AE93, Ireland
+353-1-2409-280　bill.beaumont@world.rugby　**www.world.rugby**

親愛なるノビーへ

ワールドラグビーを代表して、旭日小綬章を受章されましたことをお祝い申し上げます。
あなたは、日本ラグビー界ひいては日本とアジアのスポーツ界へ多大なる貢献をされた方ですから、このような叙勲に相応しいと思っております。今回の栄誉ある叙勲に際し、推薦をサポートできましたことを大変嬉しく思っております。あなたは卓越したレフェリーでしたし、あなたがワールドラグビー理事メンバーだった頃のことを今も私は懐かしく思っております。

ワールドラグビー会長　ビル・ボーモンド卿

2023年　ビル・ボーモント卿日本来訪時のおもてなしに対する御礼

WORLD RUGBY

Mr. Shigetaka Mori
President
Japan Rugby Football Union

11 August 2021

Re: Noboru Mashimo

Dear President Mori,

On behalf of World Rugby, I am delighted to fully support the recommendation of Noboru (Nobby) Mashimo by the Ministry of Education, Culture, Sports, Science and Technology, for a decoration in recognition of his contribution to Japanese rugby/sports.

Nobby served as representative of Asia Rugby on the supreme decision making body of World Rugby, the Council, from 2007-2011. In 2009, the World Rugby Council made the decision to award Japan the hosting rights of Rugby World Cup 2019. Nobby played an integral role in ensuring success for Japan in this most critical Council decision. His integrity in dealing with colleagues won him respect and he was very well regarded by all who worked with him on Council.

Even when Nobby finished on Council in 2011 he remained in contact with many at World Rugby and was always available to assist as we prepared for RWC 2019.

Nobby was a wonderful ambassador for Japan and Asia during and post his time on Council. The Game is very fortunate to have administrators like Nobby who have assisted in the growth and development of the sport.

Yours sincerely,

Sir Bill Beaumont CBE DL
Chairman

BUILDING CHARACTER SINCE 1886

World Rugby House, 8-10 Pembroke Street Lower, Dublin 2, D02 AE93, Ireland
+353-1-2409-280　bill.beaumont@world.rugby　**www.world.rugby**

SPORT IN THE OLYMPIC PROGRAMME

親愛なるノビーへ

先般の私の日本訪問に際しまして、温かくおもてなし頂きましたことに感謝申し上げたく、お手紙を差し上げました。またお目にかかれて本当に嬉しかったです。今回は、日本ラグビーの前向きな現状を見ることができ、素晴らしい機会となりました。そして重ねて、天皇陛下からの褒章の叙勲にお慶びを申し上げます。素敵な昼食会と心優しい贈り物には、とりわけ御礼申し上げます。いま一度感謝をお伝えするとともに、益々のご活躍をお祈り申し上げます。

ワールドラグビー会長　ビル・ボーモント卿

世界のラグビー競技を統括するワールドラグビーの会長ともなれば、多忙を極める毎日であろうことは想像に容易いですが、2019 年大会終了後のレターも、叙勲の際の祝辞のレターも、ボーモント会長じきじきの、心のこもったお手紙ということで、大変貴重であり、真下さんの人柄の魅力と人脈の深さを物語るものだと思います。
2023 年 2 月にボーモント会長が来日された折には、コロナ禍を経て久しぶりの再会が実現し、お二人の嬉しそうなお顔を傍で拝見し、3 通のレターに裏付けられたラグビーを通じた絆を目の当たりにしました。

日本ラグビーフットボール協会　藤田ふみ

歴代 IRB 会長と共に。左からシド・ミラー氏、真下、ビル・ボーモント氏、ベルナール・ラパセ氏

2003年　オーストラリア・タウンズビル市　名誉市民

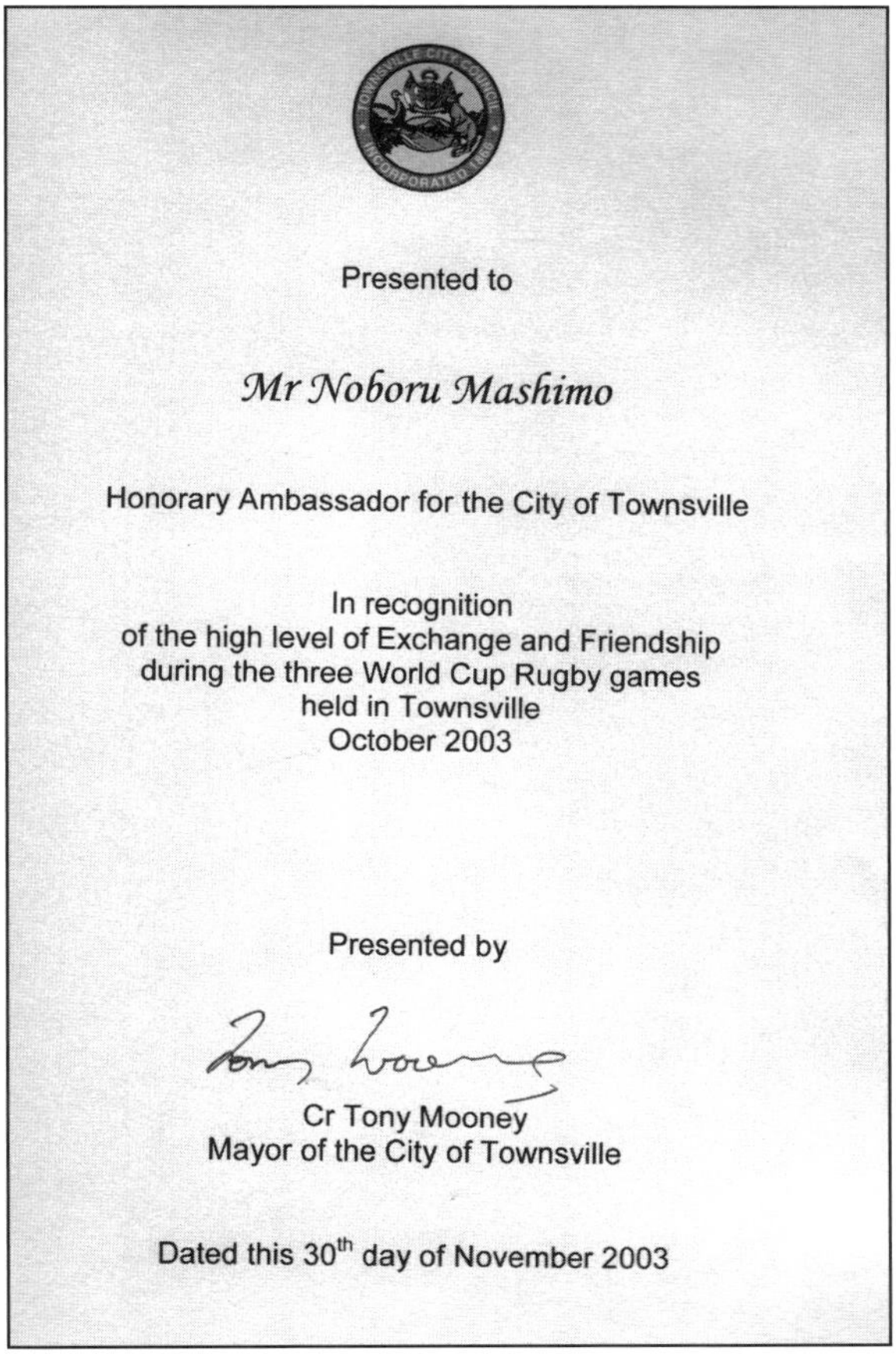

Presented to

Mr Noboru Mashimo

Honorary Ambassador for the City of Townsville

In recognition
of the high level of Exchange and Friendship
during the three World Cup Rugby games
held in Townsville
October 2003

Presented by

Cr Tony Mooney
Mayor of the City of Townsville

Dated this 30th day of November 2003

年　表

年	月日	真下昇	ラグビー関係	社会
1938年	12月6日	東京都千代田区神田で生まれる。7人兄弟の5番目、三男		
1939年				第2次世界大戦勃発
1945年		東京大空襲を機に父の実家がある群馬県高崎市に移住		
		倉賀野小学校入学		
				広島・長崎に原爆投下
1945年	8月15日			終戦
1946年		プロ野球選手を夢見て三角ベースに興じる日々		
1951年	4月	倉賀野中学校入学		
1952年		野球部で投手や遊撃手		
1954年	4月	高崎高等学校入学。ラグビー部に入部		
	10月	北海道国体出場、生まれて初めて地平線を見て「世界で羽ばたく」と決意		
1955年	10月	神奈川国体で優勝		
		全国大会でベスト4、100を超える連勝記録も育んだ「プラスワン精神」		
1957年	4月	東京教育大学入学。ラグビー部に入部、怪我に悩まされた4年間		
1960年			日本選手権開始	
1961年	4月	英国系商社ドッドウエル入社		
1964年			大学選手権開始	東京オリンピック開催
1969年		エリスクラブ主将として韓国遠征		
		31歳で現役引退、レフェリーの道を歩む		
1971年		全国社会人大会で初めて主要大会のレフェリーを務める		
1972年				札幌冬季オリンピック開催
1974年		結婚		
1977年				王貞治765号ホームラン世界新記録樹立
1980年		関東ラグビー協会理事		モスクワオリンピック不参加
1985年			新日鉄釜石、日本選手権で7連覇達成	
1987年	12月6日	「雪の早明戦」でレフェリーを務める	第1回W杯ニュージーランド（NZ）/オーストラリア大会 優勝：NZ、 準優勝：フランス NZは後の日本代表ヘッドコーチとなるジョン・カーワンがトライ王に 日本：グループリーグ敗退（宮地克実監督）	
1989年	5月28日	日本ースコットランド戦でアシスタント・レフェリー	テストマッチでスコットランドを破る大金星	昭和天皇崩御。「平成」に改元

年表

1991年			第２回Ｗ杯イングランド大会 優勝:オーストラリア、準優勝：イングランド 日本：グループリーグ敗退（宿澤広朗監督） 平尾誠二主将の日本、ジンバブエ戦で初勝利	
1992年		日本ラグビー協会理事に就任		
		54歳でトップレフェリー引退		
1995年			神戸製鋼、日本選手権で７連覇達成	阪神淡路大震災。地下鉄サリン事件
		第３回W杯、ＮＺ戦の歴史的大敗で大きな衝撃	第３回Ｗ杯南アフリカ大会 優勝：南アフリカ、準優勝：NZ 日本：グループリーグ敗退（小藪修監督） NZに17対145で大敗	
1998年				長野冬季オリンピック開催
1999年		第４回W杯、現地で初視察	第４回Ｗ杯ウェールズ大会 優勝:オーストラリア、準優勝：フランス 日本：グループリーグ敗退（平尾誠二監督） 元NZ代表のジェイミー・ジョセフら日本代表入り	
2001年				米国で同時多発テロ勃発
2002年	8月	日本ラグビー協会専務理事に就任		FIFAワールドカップ日韓共同開催
	9月	釜山アジア大会ラグビー日本チーム団長を務める		
2003年	1月	朝日新聞フォーラムで「夢のまた夢だった」Ｗ杯日本招致構想を宣言。		
	6月	日本体育協会（現日本スポーツ協会)、日本オリンピック委員会評議員に就任	トップリーグ開幕(9月)	
	9月	トップリーグ初代チェアマンに就任	11年Ｗ杯招致準備検討委員会設置(9月)	
	9月13日	トップリーグ開幕宣言	第５回Ｗ杯オーストラリア大会(10-11月)	
	10-11月	Ｗ杯日本代表チームの団長を務める	優勝：イングランド、準優勝：オーストラリア	
		アジアラグビー協会理事に就任	日本：グループリーグ敗退（向井昭吾監督）	
2004年	9月		日本が正式に11年Ｗ杯開催地に立候補	

	10月	招致委員会実行委員長に就任	11年W杯招致委員会発足。森喜朗氏が会長に就任	
2005年		日本トップリーグ機構副専務理事に就任		
	6月	日本ラグビー協会副会長に就任（専務理事兼務）	森喜朗氏日本ラグビー協会会長に就任	
	11月	IRB理事に「ネクスト、ノビー」と激励される	11年W杯招致はNZに決戦投票で敗れて失敗	
2007年		IRB理事、財務委員会委員に就任（アジア協会選出）	第6回W杯フランス大会 優勝：南アフリカ、 準優勝：イングランド 日本：グループリーグ敗退、カナダと引き分け（ジョン・カーワン監督）	
	9-10月	W杯日本代表チームの団長を務める		
2008年	7月		IRB特別理事会（香港）で15年と19年W杯開催国を同時選定することを決定	
2009年	3月	15年、19年W杯招致委員会委員長に就任	第1回招致委員会開催	
	5月	日本体育協会（現日本スポーツ協会）競技団体評議員連合会監事就任。 その後11年～23年まで会長を務める。	イングランドが15年単独、日本、南アフリカ、イタリアが15年と19年の同時立候補を表明	
	6月		日本でU20世界選手権を初開催して運営面をアピール	
			W杯を運営する「ラグビー・ワールドカップ・リミテッド」が15年イングランド、19年日本の推薦案を決定	
	7月28日	19年日本開催が決定すると、シド・ミラー前IRB会長から	19年W杯日本開催決定、15年大会はイングランドに	
		「ノビー、10年で日本のラグビーを底上げしろ」との叱咤激励を受ける。		
	10月		リオ五輪の実施競技に7人制ラグビーとゴルフが決定	
2010年		日本オリンピック委員会評議員選定委員会委員長に就任		
2011年			第7回W杯NZ大会 優勝：NZ、 準優勝：フランス	東日本大震災勃発 なでしこジャパンドイツW杯で優勝

			日本：グループリーグ敗退、カナダと引き分け（ジョン・カーワン監督）	
2015年		W杯イングランド大会、現地視察 「ブライトンの奇跡」	第８回Ｗ杯イングランド大会 優勝：NZ、 準優勝：オーストラリア 日本：グループリーグ敗退（エディー・ジョーンズ監督） 強豪南アフリカを破る（ブライトンの奇跡）、五郎丸ポーズも人気に	
2016年		2019年Ｗ杯日本大会組織委員会理事に就任	リオ五輪で７人制ラグビー実施	
2018年		2019年Ｗ杯日本大会組織委員会エグゼクティブアドバイザーに就任		
2019年	9月20日	日本初開催のW杯開幕	第９回Ｗ杯日本大会 優勝：南アフリカ、 準優勝：イングランド 日本：史上初のベスト８（ジェイミー・ジョセフ監督） スローガンの「ONE TEAM」は流行語大賞に	平成天皇退位。「令和」に改元
2020年				新型コロナウイルス感染拡大 東京五輪・パラリンピック延期
2021年				東京五輪・パラリンピック開催
2022年	11月3日	旭日小綬章受章	ラグビーの新たな国内最高峰リーグ、リーグワン開幕（１月）	
2023年		Ｗ杯フランス大会視察	第10回Ｗ杯フランス大会 優勝：南アフリカ、 準優勝：NZ 日本：グループリーグ敗退（ジェイミー・ジョセフ監督）	WBCで日本が14年ぶりに優勝

■執筆者プロフィール

真下　昇（ましも のぼる）

1938年東京都生まれ。45年東京大空襲を受けて群馬県高崎市に移住。高崎高校時代はラグビー部で神奈川国体優勝、全国大会ベスト4を経験。東京教育大学（現筑波大学）を経て英国系商社ドッドウエルに入社し、関東社会人リーグでラグビーを続けた。引退後はラグビーのトップレフェリーとして「雪の早明戦」など国内外の主要500試合近くを務めて活躍。その後は2003年開幕のトップリーグ初代チェアマンを務め、日本ラグビー協会専務理事として選手強化や普及に努めた。07年にアジア協会理事、国際ラグビーボード（IRB）理事に就任。15年/19年W杯招致委員会委員長として「ノビー」の愛称で親しまれた外交力を発揮し、19年W杯日本初開催に尽力した。競技の枠を超えて日本トップリーグ連携機構副専務理事、日本オリンピック委員会（JOC）評議員選定委員会委員長、日本体育協会（現日本スポーツ協会）競技団体評議員連合会会長も歴任。22年にスポーツ振興への貢献を評価され、旭日小綬章を受章した。

ラグビーと生きる　―ノビーと呼ばれた男のW杯招致回顧録―

2024年7月25日　初版第1刷発行
2024年9月5日　　　第2刷発行

著　者　真下　昇
編集協力　松原茂章、田村崇仁
発行者　鴨門裕明
発行所　㈲創文企画
〒101－0061 東京都千代田区神田三崎町3－10－16 田島ビル2F
TEL：03－6261－2855　FAX：03－6261－2856
http://www.soubun-kikaku.co.jp
装　丁　オセロ
印　刷　壮光舎印刷㈱

ISBN 978-4-86413-192-6